DUE ORE AL TOP

A mia moglie Daniela, ai miei genitori, Susan e Don,
e a mio fratello Kenny, per il loro amore incondizionato,
il sostegno e la stima che dimostrano
per quello che sono e so fare.

Il CISE, Centro per l'Innovazione e lo Sviluppo Economico,
ha attribuito al Gruppo Editoriale Macro il marchio di Impresa Etica

ALTRI LIBRI PUBBLICATI DAL **Gruppo Editoriale Macro**

Sarah Knight, **IL MAGICO POTERE DI SBATTERSENE IL CA**O.** Come smettere di perdere tempo (che non hai) a fare cose che non hai voglia di fare con persone che non ti piacciono *(prossima pubblicazione)*

Hal Elrod, **THE MIRACLE MORNING.** Trasforma la tua vita un mattino alla volta prima delle 8:00 *(prossima pubblicazione)*

Jack Canfield, Les Hewitt, Mark Victor Hansen, **IL POTERE DELLA FOCALIZZAZIONE.** The power of focus. Come raggiungere con assoluta certezza i propri obiettivi di lavoro, personali e finanziari

Brian Mayne, **GOAL MAPPING.** Manuale Pratico per Trasformare i tuoi Sogni in Realtà

Bob Stahl, Elisha Goldstein, **IL PROGRAMMA MINDFULNESS.** Un metodo pratico e clinicamente testato per superare: stress, ansia, panico, depressione, dolore cronico ...e altri problemi di salute

Eric De la Parra Paz, **RISVEGLIA LA TUA ECCELLENZA.** Il potere della neuro intelligenza - Vivi i tuoi talenti!
Eric De la Parra Paz, **PNL CON I BAMBINI - GUIDA PER GENITORI.** Tecniche, valori e comportamenti per accrescere sicurezza e fiducia nei vostri bambini
Eric De la Parra Paz, Maria del Carmen Madero Vega, **STRATEGIE DI VENDITA E NEGOZIAZIONE.** Dall'autore del best seller "Risveglia la Tua Eccellenza"

Vincenzo Fanelli, **IL POTERE DELL'ENERGIA UNIVERSALE.** Usa il potere creativo dell'universo per realizzare la vita che desideri
Vincenzo Fanelli, **MIGLIORA LE TUE RELAZIONI CON L'ENNEAGRAMMA E LA PNL.** Trova la chiave per comprendere il tuo interlocutore e sviluppare empatia
Vincenzo Fanelli, William Bishop, **LA MENTE QUANTICA.** Cambia la tua realtà: 3 leggi quantiche, ingegneria neurolinguistica e Focus Universale

Francesco Schipani, **GESTIRE LA CLASSE.** Strategie e proposte operative per fare lezione in maniera efficace e serena. Con tecniche di PNL. Guida pratica per insegnanti e formatori.

Daniel Lumera, **I 7 PASSI DEL PERDONO.** La Scienza della Felicità. Un rivoluzionario metodo per guarire e realizzarsi.

Mabel Katz, **SCOPRI HO'OPONOPONO.** La via più semplice

Ihaleakala Hew Len, Mabel Katz, **SCOPRI HO'OPONOPONO.** La via più semplice - Seminario approfondito (Con **DVD**)

Josaya, **HO-OPONOPONO.** Tutte le Strade portano all'Amore

Ulrich Emil Duprèe, **HO'OPONOPONO LA FORZA DEL PERDONO**

Colin C. Tipping, **IL PERDONO ASSOLUTO.** Perdonare per Crescere

Elisabetta Bajocchi, **TI BASTA L'AMORE.** Raggiungi la Felicità Attraverso la Spiritualità

Kay Pollak, **NESSUN INCONTRO È UN CASO**

Serena Rust, **QUANDO LA GIRAFFA BALLA COL LUPO.** La comunicazione nonviolenta in 4 passi

Susan Albers, **50 MODI PER VINCERE LA FAME NERVOSA.** Smettila di riempirti di cibo

Jaime Jaramillo, **TI AMO... MA SONO FELICE ANCHE SENZA DI TE**

Tiberio Faraci, Laura Goglio, **CORSO PER AMARE TE STESSO. LIBRO + CD.** Gli Esercizi di Innamorati di Te. 130 consigli per evolversi personalmente e accrescere l'autostima giorno per giorno. Con Audiolibro.
Tiberio Faraci, **INNAMORATI DI TE.** Guida all'Auto-Realizzazione - Nuova edizione ampliata e aggiornata

Deepak Chopra, **L'ANIMA DEL VERO LEADER .** Guida pratica per lo sviluppo delle qualità fondamentali della leadership
Deepak Chopra, **DEEPAK CHOPRA - COFANETTO.** FILM 1: Conoscere Dio è Conoscere Te Stesso - FILM 2: Le Sette Leggi Spirituali del Successo

Potete acquistare questi titoli in libreria o richiederli direttamente al: **GRUPPO EDITORIALE MACRO**
via Giardino 30, 47522 Cesena (FC) - e-mail: ordini@gruppomacro.com - sito internet: www.gruppomacro.com

JOSH DAVIS

DUE ORE AL TOP

5 STRATEGIE SCIENTIFICHE
PER GESTIRE CON EFFICACIA IL TUO TEMPO,
E MIGLIORARE LA TUA PRODUTTIVITÀ

MACRO EDIZIONI

www.gruppomacro.com

Il Gruppo Editoriale Macro mantiene e sviluppa la sua attenzione verso l'ambiente e lo fa con modalità sempre più concrete, coerenti e sostenibili. Stampiamo i nostri libri, dvd, riviste, cataloghi e depliant in Italia su carta riciclata, utilizzando inchiostri ecologici. Acquistando uno dei nostri prodotti contribuirai a sostenere il progetto della Fattoria dell'Autosufficienza (www.autosufficienza.com), un'isola autosufficiente dal punto di vista alimentare ed energetico che si pone l'obiettivo di sensibilizzare istituzioni, imprese e comunità al fine di rendere sempre più sostenibile la vita sul nostro pianeta. Grazie al suo impegno nell'ottica di un sempre minore impatto ambientale, il Gruppo Editoriale Macro è riconosciuto da Greenpeace come editore Amico delle Foreste.

Per maggiori informazioni su quest'autore e sulla stessa collana visitate il nostro sito
www.gruppomacro.com

Titolo originale: Two Awesome Hours

coordinamento editoriale	Sara Broccoli
traduzione	Elisa Caligiana
revisione	Mario Manzana
editing	Danila Ganzerla, Valentina Pieri
copertina	Roberto Monti
stampa	Tipografia Lineagrafica, Città di Castello (PG)

I edizione luglio 2016
Collana "Essere Felici"

un marchio del Gruppo Editoriale Macro
Via Giardino 30, 47522 Cesena (FC)
ISBN 978-88-9319-142-5

SUSTAINABLE WOOD FOREST
La Cellulosa utilizzata per la produzione della carta su cui sono stati stampati gli interni di questo libro proviene da foreste amministrate.

CARING FOR NATURE
La Cellulosa utilizzata per la produzione della carta su cui sono stati stampati gli interni di questo libro è sbiancata senza utilizzo di cloro (ECF). Questa carta è riciclabile.

Gli inchiostri utilizzati per stampare questo libro non contengono composti organici volatili, sono esenti da oli minerali e sono con base vegetale, ambientalmente compatibile.

Essere al top dell'efficacia

Che si ami o si odi il proprio mestiere, la mole di lavoro che molti di noi devono svolgere quotidianamente ha raggiunto dei livelli insostenibili. Cominciamo la nostra tipica giornata lavorativa in preda all'ansia di non riuscire a fare tutto, di deludere qualcuno e di dover sacrificare (di nuovo) qualche compito importante pur di non affogare.

Mentre ancora sorseggiamo il primo caffè della mattina, diamo un'occhiata alla casella di posta sui nostri dispositivi mobili, per vedere chi ha aggiunto una nuova incombenza alla lunga lista delle cose da fare. Man mano che leggiamo le mail, ciascuna contenente una richiesta che sappiamo non potrà essere evasa in modo rapido, lo stress aumenta. Così, segniamo i messaggi come "da leggere" e li teniamo da parte per... "dopo", aggiungendoli mentalmente alla montagna di lavoro avanzato dalla sera precedente (quando abbiamo lasciato l'ufficio fin troppo tardi). Altre mail a cui rispondere, altre persone da richiamare, altre scartoffie da riempire; e come se non bastasse, ogni faccenda esige la nostra immediata attenzione.

A dirla tutta, troppe cose esigono la nostra attenzione prima ancora che possiamo dedicarci alle attività davvero importanti... e troppe cose sono considerate importanti. Spesso lavoriamo tutto il giorno, prima in ufficio e poi a casa (dove ci occupiamo della nostra famiglia, delle pulizie domestiche e di pagare le bollette), e talvolta ci fermiamo solo per andare a letto. Il tempo non è mai abbastanza e c'è sempre così tanto da fare.

Se lo scenario appena descritto vi suona familiare, sappiate che non siete soli. Nel corso della mia esperienza in qualità di professore, insegnante, consulente manageriale, autore e formatore ho notato che queste sensazioni sono fin troppo comuni tra professionisti e non, a qualsiasi livello. Ma ben più problematico è il fatto che persone provenienti dai contesti lavorativi più disparati (dirigenti, medici, studenti, imprenditori, dipendenti pubblici ecc.), nel cercare sollievo da un carico di lavoro eccessivo, vengono attratti dalle medesime soluzioni, alquanto infelici.

Queste soluzioni, infatti, non fanno altro che aggravare il problema.

Sempre più spesso vedo dei gran lavoratori, persone intelligenti e motivate, cadere nella "trappola dell'efficienza": ci sforziamo di restare concentrati quanto più a lungo possibile, utilizzando ogni momento libero nell'arco della giornata per metterlo a frutto. Se abbiamo dei dipendenti che lavorano per noi, pretendiamo da loro lo stesso tipo di approccio, per il maggior numero possibile di ore al giorno. Manuali di gestione del tempo, guru e persino vere e proprie società di consulenza hanno raccolto la sfida di aiutarci a "fare di più in meno tempo". Come sostiene mio fratello, dirigente di un'azienda annoverata nella *Fortune 1000*, la classifica delle prime mille società al mondo per fatturato, «abbiamo tutti un sacco di roba da fare, il che è positivo, trattandosi pur sempre di lavoro. Ma dopo aver passato la giornata a smaltire una marea di roba, alla fine ne abbiamo comunque fino al collo».

Altri esperti della gestione del tempo consigliano di occuparsi dapprima delle questioni più importanti, quelle per cui potrebbe non esserci tempo a sufficienza in un secondo momento. È senz'altro utile distinguere le attività che contano davvero da quelle urgenti ma meno importanti; eppure, c'è qualcosa di frustrante in questo consiglio: alla fin fine, infatti, ci restano comunque un sacco di cose da fare. Alcune, però, contano perché influenzano i nostri rapporti sociali, altre perché il non portarle a termine, a lungo andare, potrebbe causare il nostro licenziamento, altre ancora perché abbiamo concordato una scadenza e non possiamo tirarci indietro solo perché c'è qualcosa di più importante in agenda.

Pertanto, benché queste attività non siano fondamentali, il non averle svolte può far sì che andiamo a casa angustiati. Di certo alcuni problemi spariscono a furia di ignorarli, e possiamo senz'altro imparare a fregarcene un po' di più. Ma per gran parte dei nostri incarichi non siamo esonerati dall'obbligo di assolverli e alla fine dobbiamo comunque portarli a termine.

Se il vero problema fosse la mancanza di efficienza, molti di noi, inclusi i miei clienti affermati, avrebbero già trovato una soluzione. Scegliere il metodo o la *app* giusta che ci aiuti a gestire il tempo e a stabilire delle priorità tra i vari impegni, allevierebbe la pressione della routine quotidiana. Ma quantità e capacità non sono gli unici fattori importanti, e benché lavoriamo nel modo più efficiente possibile, non siamo comunque soddisfatti. Alla fine di una tipica giornata di lavoro molti di noi si sentono affogati più che realizzati.

Tuttavia, quello a cui aspiriamo *è* raggiungibile. Le persone più affermate che conosco vogliono due cose: la prima è smettere di avere la sensazione che le cose sfuggano al loro controllo e la seconda è eccellere sul lavoro; vogliono essere i migliori nel loro campo.

In entrambi i casi la classica reazione sconsiderata (che tende a sortire pessimi risultati) è quella di aspettarsi che lavoriamo in continuazione e riempiamo ancora di più le nostre giornate già stracolme. Cosa c'è di sbagliato in quest'approccio al lavoro? E come possiamo migliorarlo?

UN ESEMPIO DI PRODUTTIVITÀ

Benjamin Franklin è celebre per la sua impareggiabile operosità. Milioni di persone in tutto il mondo sono concordi nel sostenere che fosse un modello di efficacia e produttività. Era un uomo dalle capacità invidiabili. L'elenco dei traguardi da lui raggiunti è sbalorditivo: autore, inventore, scienziato, tipografo, filosofo, politico, direttore delle poste, diplomatico e molto altro ancora. Come può un essere umano realizzare così tanti obiettivi nell'arco della propria vita? Un rapido sguardo alla sua carriera di tipografo ed editore (le sue prime professioni) contribuisce a fare chiarezza sul modo in cui lavorava e, di conseguenza, la dice lunga su quello che noi facciamo più o meno correttamente.

Nel 1724, all'età di 18 anni, Franklin aveva già lavorato come apprendista in una tipografia di Boston, poi in maniera autonoma a Philadelphia e aveva pubblicato una serie di articoli che avevano avuto ampia diffusione[1]. In quello stesso anno partì per l'Inghilterra, dove avrebbe imparato il mestiere dal miglior tipografo in circolazione, Samuel Palmer. Niente male per un povero ragazzino con sedici fratelli.

Durante il suo periodo di lavoro presso la tipografia di Palmer, Franklin cominciò ben presto a infastidire e impressionare con la propria intelligenza ed etica professionale coloro che gli stavano intorno. Mentre i suoi colleghi tracannavano birra dalla mattina alla sera, lui beveva soltanto acqua, per assicurarsi la resistenza fisica necessaria a garantire prestazioni migliori degli altri e al tempo stesso risparmiare un po' di soldi. Certo, direte voi, era facile in quei tempi disporre di un vantaggio competitivo, ma a Franklin va riconosciuto il merito di aver individuato un'opportunità, essersi assunto il rischio e avere perseguito l'obiettivo fino in fondo. Alla fine fu promosso e andò a lavorare in una ditta ancora migliore.

Quando tornò a Philadelphia, un paio di anni più tardi, era disposto a fare qualsiasi cosa pur di stabilirsi in quella città. Dopo aver lavorato per qualche anno per un altro tipografo, ottenne un prestito e si mise in proprio. Con una tipografia a disposizione e un impellente bisogno di denaro liquido, individuò un'altra opportunità: pubblicare il proprio materiale. In città c'era un solo giornale, che, secondo Franklin, «non valeva niente, era diretto malissimo [e] risultava monotono fino alla noia». Benjamin era consapevole di essere l'unico tipografo nella zona a saper anche scrivere bene, così si cimentò nella pubblicazione di un quotidiano e, in seguito, de *L'almanacco del povero Richard**. A parte le date più importanti da ricordare, queste specie di calendari avevano diversi spazi vuoti che Franklin pensò di riempire con i suoi proverbi (ora celebri), rendendo il proprio almanacco più divertente e molto più facile da vendere. *L'almanacco del povero Richard* fu un vero trionfo.

Al fine di consolidare il successo della propria attività, Franklin assunse anche il ruolo di deputato dell'Assemblea generale della Pennsylvania, il che gli permise di entrare in contatto con diverse personalità che avevano voce in capitolo nel decidere dove far stampare il materiale governativo (come ad esempio le schede elettorali e le banconote); successivamente ottenne la nomina di direttore generale delle poste di Philadelphia, il che lo aiutò a far circolare il proprio giornale. Questi incarichi gli offrivano una retribuzione minima e comportavano parecchio lavoro extra, ma permisero anche alla sua attività di decollare e lo agevolarono nell'acquisizione di un certo *status* in città.

Benjamin Franklin era ed è rimasto un mirabile esempio di produttività e successo; il suo operato sembra suggerire che se si lavora sodo e ci si assume sempre maggiori responsabilità, prima o poi il successo arriva. Oggi sono tutti convinti che per conseguire dei risultati positivi bisogna essere come Franklin e fare più di quanto sembri umanamente possibile. Ma la verità è che nemmeno Franklin era come Franklin. A quanto pare, in-

* *Poor Richard's Almanack* (*L'almanacco del povero Richard*), stampato per la prima volta nel 1732, conobbe un enorme successo e fu pubblicato fino al 1758. Scritto da Benjamin Franklin in persona, l'almanacco comprendeva calendari, previsioni meteorologiche, poesie, citazioni e indicazioni astronomiche e astrologiche; saltuariamente venivano inclusi anche esercizi di matematica e, a partire dal 1750, furono inseriti dei modelli di crescita demografica. Non mancavano mai, invece, aforismi scritti dall'autore stesso (fonte: https://it.wikipedia.org/wiki/Benjamin_Franklin) [*N.d.T.*].

fatti, a parte occuparsi delle proprie finanze, non era per niente fissato con il lavoro.

Si parla raramente di quest'altro Franklin, che non era certo l'icona del lavoratore indefesso a cui talvolta lo associamo. Eppure, non ho fatto molta fatica a scoprire di più sul suo conto: è tutto scritto nella sua autobiografia. Adorava riflettere e creare. Invece di consacrarsi esclusivamente alla carriera remunerativa di stampatore, dedicava moltissimo tempo ai propri hobby e agli amici, tant'è vero che gli stessi interessi che lo distoglievano dalla sua professione principale condussero a molte delle meravigliose invenzioni per cui è diventato famoso, come ad esempio la "stufa Franklin" (un modello di stufa-caminetto noto nel mondo anglosassone) e il parafulmine.

Per capire il segreto del suo successo, credo sia fondamentale osservare come trascorresse il proprio *tempo libero* e quanto ne avesse.

Da ragazzo, uno dei suoi passatempi preferiti era riunirsi il venerdì sera con un gruppo di lettori appassionati e discutere insieme a loro varie idee. In questa specie di circolo, si concordava di volta in volta l'argomento da sviscerare nell'incontro successivo e ciascun partecipante leggeva tutto il possibile sulla materia, in modo da arrivare preparato al dibattito. Tuttavia, a quei tempi i libri erano difficili da reperire a Philadelphia e spesso andavano ordinati dall'Inghilterra. Franklin e gli altri membri del gruppo si resero conto che sarebbe stato comodo conservare tutti i testi in un unico posto, in modo da verificare agevolmente le reciproche fonti di riferimento; quest'idea condusse in seguito alla nascita della storica biblioteca pubblica oggi nota con il nome di Library Company of Philadelphia.

Franklin non fondò la biblioteca all'età di 25 anni per racimolare del denaro per la propria attività di tipografo, né quest'opera faceva parte di un incarico governativo che gli era stato affidato. Investì il proprio tempo in quest'impresa semplicemente perché gli piaceva far circolare le idee, soprattutto quelle che avrebbero contribuito a migliorare se stesso e il mondo intorno a lui. Amava l'arte e la letteratura e scrisse addirittura un brano musicale per la propria consorte[2]. Era notoriamente un incurabile dongiovanni e dopo la morte della moglie dedicò gran parte del proprio tempo all'arte della seduzione[3]. Fu anche il primo americano fissato con le tecniche di autoaiuto. Per un breve periodo sperimentò la dieta vegetariana, perché aveva letto qualcosa a proposito in un libro e rimase estasiato dai soldi che riuscì a risparmiare. Riversò inoltre un'enorme quantità di tempo ed energie nell'elaborazione di un programma per mettere in pratica le sue ormai famose tredici virtù. Tra queste ce n'è una che potrebbe sembrare particolarmente utile a chiunque cerchi di smaltire quanto più lavoro possibile in una giornata: la virtù dell'ordine (ovvero, l'essere organizzati). Nella sua autobiografia Franklin ammise di non essere mai stato bravo in questo: «A dire il vero mi accorsi di essere incorreggibile in fatto di ordine; e ora che sono vecchio e la memoria non mi sostiene, ne avverto acutamente la mancanza».

Si era guadagnato una certa reputazione per la capacità di godersi i molti piaceri della vita, dall'apprendimento alla socializzazione, dall'arte della seduzione a quella dell'invenzione. Sembra incredibile quanto lavoro riuscisse a smaltire in maniera professionale, pur continuando comunque a divertirsi così tanto, tra passatempi, momenti di svago e attività ricreative in compagnia di altre persone. Ma come faceva?

Ogni giorno creava i presupposti mentali e biologici per raggiungere il massimo dell'efficacia e in quei momenti di picco otteneva dei risultati straordinari. Non accumulava certo una miriade di incarichi legati alla propria attività di tipografo in ogni ora che aveva a disposizione. Anzi, in uno schema che elaborò per organizzare le proprie giornate, incluse una pausa di due ore per il pranzo e altre attività, un po' di tempo libero alla sera per «musica, o svago, o conversazione» e un'intera nottata di riposo. Franklin trovava il modo di distrarsi, imparare cose nuove, dare sfogo alla creatività, divertirsi, prendersi cura del proprio benessere fisico, della famiglia e delle relazioni sociali; fu probabilmente proprio per questo, e non malgrado questo, che ebbe tanto successo nel proprio lavoro piuttosto remunerativo.

Dedicarsi esclusivamente all'attività di tipografo, anziché a tutti gli altri interessi, avrebbe costituito un utilizzo più *efficiente* del suo tempo. Ma immaginate quanto poco sapremmo di lui se avesse fatto davvero così, se non avesse mai riservato spazio ed energie mentali alle sue numerose invenzioni, alla filantropia e forse addirittura al proprio impero tipografico.

Quale Benjamin Franklin vorreste essere? Quello che si ritagliava del tempo per i propri interessi e svaghi sociali o quello che sbaragliò la concorrenza e divenne un uomo d'affari produttivo, stimato e benestante? Al giorno d'oggi si ha l'impressione che non ci sia abbastanza tempo per entrambe le possibilità e che di conseguenza sia necessario scegliere tra il godersi la vita e l'avere successo. La buona notizia è che si tratta di una falsa dicotomia. Ci sentiamo obbligati a scegliere perché presupponiamo erroneamente che la produttività dipenda dal trovare tempo a sufficienza nell'arco della giornata.

LA TRAPPOLA DELL'EFFICIENZA

Nell'aiutare dirigenti e professionisti di alto livello a diventare più efficaci, ho imparato che, a prescindere dalla posizione che si occupa nella scala gerarchica, di solito reagiamo al sovraccarico da lavoro in due modi: il primo è quello di costringerci a restare concentrati senza fare pause, così da sfruttare in maniera più efficiente le nostre *giornate*; il secondo è lavorare più ore al giorno e chiedere a chiunque lavori per noi di fare altrettanto, così da sfruttare in maniera più efficiente anche le *settimane*. Alla base di entrambe le soluzioni c'è la convinzione che per gestire il carico di lavoro dovremmo smettere di "sprecare" tempo ed essere "efficienti". Questo pensiero deriva da un'incomprensione di fondo del funzionamento del nostro cervello.

Restare concentrati senza fare pause e lavorare più ore al giorno sono soluzioni perfette per computer e macchine. Questi, infatti, non si stancano mai e la qualità del loro lavoro è sempre la stessa, ogni volta che vengono usati. Adoperarli più spesso non fa altro che incrementare produttività ed efficienza. Ma noi non siamo certo dei computer o delle macchine; siamo creature biologiche. Pretendere sempre un certo tipo di lavoro e un livello costante di efficacia dal nostro cervello è come pretendere che un corridore mantenga sempre la stessa velocità in qualunque circostanza, che competa in una gara di velocità o una maratona, che corra senza aver dormito e dopo aver digiunato per un giorno intero, che faccia jogging per riprendersi da una sbornia o che si alleni dopo aver mangiato ed essersi riposato.

L'essere delle creature biologiche influisce sul nostro modo di pensare. Alcuni membri della comunità scientifica chiamano quest'influenza "cognizione incarnata"[4]. La cognizione incarnata indaga gli svariati modi in cui il fatto di avere un corpo fisico condiziona il pensiero. Il cervello funge da meccanismo di controllo del resto del corpo. La cognizione (ovvero qualunque tipo di pensiero) non può essere compresa fino in fondo senza prendere in considerazione il corpo in cui essa opera.

Che cosa significa?

Significa che il modo in cui una persona si muove può incidere enormemente sui suoi pensieri. Stare seduti con le mani dietro la nuca e i piedi sul tavolo (una "*power pose*" abbastanza comune) può aumentare il livello di testosterone e diminuire quello di cortisolo, una concomitanza di fattori in grado di trasmettere un senso di potere e indurre un atteggiamento da leader[5]. I movimenti fisici possono influenzare persino l'umore e condizionare la nostra interpretazione di pensieri e intenzioni altrui. Studi scientifici suggeriscono che se, per esempio, si compie un gesto ostile (come mostrare il dito medio) mentre si valuta qualcuno, si è più propensi a giudicare con astio l'altra persona, poiché il movimento innesca una sensazione di ostilità[6].

Prendiamo in considerazione il modo in cui si apprendono le cose: ci si affida alla memoria. Eppure, i ricordi non si installano nel nostro cervello allo stesso modo in cui si installa un software o si scarica un file sul computer. I ricordi sono piuttosto qualcosa che si coltiva. Ci vuole del tempo perché nei neuroni si verifichino dei cambiamenti strutturali che consentano loro di riattivarsi a vicenda più agevolmente in futuro, il che aiuta a spiegare come mai studiare la notte prima di un esame non è efficace quanto apprendere le nozioni nell'arco di più giorni, se le si vuole memorizzare per un certo periodo di tempo[7].

Queste sono solo alcune delle migliaia di scoperte che dimostrano che, per il fatto stesso di essere creature biologiche, siamo molto diversi da computer e macchine e, di conseguenza, non possiamo raggiungere i loro livelli di efficienza. Tuttavia, ciascuno di noi, in quanto essere umano, ha un enorme potenziale inutilizzato di cui computer e macchine non dispongono e che il tentativo di essere sempre efficienti ci impedisce di sfruttare. Se mi prefiggessi di eseguire diecimila piegamenti sulle braccia, mi troverei in serie difficoltà a farli senza concedermi mai una pausa. Non avrei invece il minimo problema se ne facessi pochi alla volta, magari intervallati da altri esercizi, e li distribuissi in più sessioni di allenamento. In questo senso il cervello è molto simile a un muscolo. Un lavoro continuativo svolto in circostanze sfavorevoli porta a ben pochi risultati, ma con le giuste condizioni non c'è quasi niente che non possiamo realizzare.

Lavorando con persone estremamente produttive e felici, nonché grazie ai miei studi nel campo delle neuroscienze e della psicologia, ho imparato che per essere davvero produttivi la cosa migliore è lasciar perdere l'efficienza e creare piuttosto le condizioni per vivere ogni giorno due ore di *super efficacia*.

DUE ORE AL TOP

Il segreto per raggiungere dei livelli eccezionali di efficacia è lavorare sulla nostra biologia. Sappiamo tutti dare prova di grande comprensione, motivazione, controllo emotivo, capacità nella risoluzione dei problemi, creatività e doti decisionali quando i nostri sistemi biologici funzionano in maniera ottimale. Ma quando non è così, possiamo rivelarci pessimi in quegli stessi campi. La quantità di esercizio fisico e sonno che ci concediamo, nonché gli alimenti che ingeriamo, possono influenzare enormemente queste funzioni mentali nel breve termine, anche nell'arco di poche ore. Inoltre, le stesse funzioni mentali a cui ci dedichiamo subito prima di affrontare una certa attività possono avere un forte impatto sull'adempimento di questa.

I risultati delle ricerche in ambito psicologico e neuroscientifico offrono sempre più informazioni riguardo a quando e come creare i presupposti perché si verifichino dei periodi di attività mentale estremamente efficace. In questo volume fornirò una descrizione dettagliata di cinque strategie sorprendentemente semplici che considero le migliori nell'aiutare le persone indaffarate a porre le basi per ritagliarsi almeno due ore di incredibile produttività ogni giorno.

1. *Riconoscere i punti decisionali*. Quando si comincia a svolgere un'attività, spesso si inserisce il pilota automatico, il che rende difficile cambiare rotta. Bisogna quindi sfruttare al meglio i momenti a cavallo tra un'attività e l'altra, in cui è possibile scegliere il passo successivo da compiere e decidere quindi di affrontare dapprima le questioni più importanti.

2. *Gestire l'energia mentale*. Le attività che necessitano di un elevato autocontrollo o di un'attenzione particolare possono essere estenuanti, mentre quelle che vanno a

smuovere le emozioni possono destabilizzare. Pertanto, è bene pianificare le attività da svolgere in base all'impegno e ai tempi di recupero che esse richiedono.

3. *Smettere di resistere alle distrazioni*. Bisogna imparare a dirigere la propria attenzione. I sistemi di attenzione sono progettati per svagarsi e ricaricarsi di tanto in tanto, non certo per restare concentrati a tempo indefinito. Cercare di opporsi a quest'aspetto è come provare a contrastare le maree dell'oceano. Comprendere il funzionamento del cervello aiuta a rimettersi in carreggiata in modo veloce ed efficace quando ci si distrae.

4. *Sfruttare a proprio vantaggio il rapporto mente-corpo*. Muoversi e alimentarsi in modo tale da creare i presupposti per il successo nel breve termine (tuttavia, nel tempo libero si può mangiare e fare quello che si vuole con il proprio corpo).

5. *Far sì che lo spazio di lavoro lavori per noi*. È utile imparare a conoscere i fattori ambientali che aiutano a dare il meglio di sé e modificare di conseguenza il proprio ambiente lavorativo. Una volta individuati gli elementi di disturbo e quelli che inducono il cervello a entrare in modalità creativa o intraprendente, è possibile allestire il proprio spazio di lavoro per favorire la produttività.

Queste strategie, che derivano dalle neuroscienze e dalla psicologia, possono sembrare semplici; alcune potrebbero addirittura apparire banali per il loro buonsenso, eppure le mettiamo in pratica molto raramente. Osservare i fondamenti scientifici alla loro base ci aiuta a comprendere su cosa valga la pena agire e come sia meglio procedere nel rispetto dei vincoli imposti dalla nostra situazione. Noi tutti possiamo imparare a mettere a frutto queste strategie, con costanza e consapevolezza, in modo da ottenere risultati considerevoli.

Non c'è nulla di magico nelle due ore di cui parlo in questo libro. Il motivo per cui ho scelto tale durata è che ho scoperto che si tratta di un lasso temporale realistico e sufficiente per portare a termine ogni giorno buona parte di quello che conta davvero. Il numero specifico di ore non è fondamentale. Man mano che si accumula esperienza con le strategie, si possono creare i presupposti per ottenere quattro ore o anche solo dieci minuti di massima funzionalità mentale, a seconda delle proprie esigenze quotidiane.

È inoltre importante tenere a mente che non sto suggerendo di individuare due ore specifiche (ad esempio, dalle 9:00 alle 11:00 del mattino) in cui puntare all'efficacia, né di scegliere sempre lo stesso orario ogni giorno. Un professionista molto indaffarato a volte non esercita alcun controllo sul momento in cui vanno svolte le varie attività. Se siamo delle persone mattiniere e il nostro capo ci chiede di preparare una presentazione per la prossima riunione del personale, fissata nel bel mezzo del pomeriggio, è bene che ci facciamo trovare all'apice della forma mentale quando dobbiamo tenere il discorso. Queste strategie aiutano a porre le basi per raggiungere la massima efficacia mentale in qualsiasi momento della giornata.

Benché io creda fermamente che si possano compiere delle imprese straordinarie nelle giuste condizioni, non sto dicendo che sarete in grado di smaltire tutto il vostro lavoro in sole due ore. Tuttavia, sono convinto che quando si è mentalmente efficaci è possibile portare a termine qualunque cosa conti di più in quel momento, sentendosi orgogliosi del proprio lavoro e ispirati a farne dell'altro. Dopodiché, si può dedicare il resto della giornata a quelle attività che non richiedono un particolare pensiero strategico o creativo, come ad esempio: gestire la posta elettronica, compilare dei moduli, riscuotere compensi, organizzare l'agenda, pagare le bollette, pianificare dei viaggi o fare delle telefonate. Tra l'altro, quando si ragiona in modo più efficace, si può anche decidere con maggiore consapevolezza a quali di queste attività rinunciare.

Lavorare in tandem con la biologia, creando i presupposti per ottenere un paio di ore di massima produttività, ci permette non soltanto di concentrarci sulle attività più importanti per noi e per il nostro successo, ma anche di ripristinare un po' di buonsenso ed equilibrio nelle nostre vite.

PADRONEGGIARE LA PROPRIA PRODUTTIVITÀ

Ognuno di noi è in grado di diventare efficace quanto lo desidera e nel presente volume illustrerò come. Descriverò il funzionamento delle cinque strategie, spiegherò i fondamenti scientifici alla loro base e racconterò qualche vicenda che le vede in azione. Per ciascuna strategia proporrò inoltre alcuni semplici accorgimenti per metterla in pratica e facilitarne l'applicazione. La mia speranza è che, ogniqualvolta prenderete in mano questo libro, possiate trarne nuovi insegnamenti, accrescere la vostra autocompassione e conoscere sempre più a fondo le regole per padroneggiare l'efficacia mentale.

In un modo o nell'altro sappiamo tutti, per esperienza, che possiamo diventare estremamente efficaci nel giro di poco se ci trattiamo bene, e terribilmente inefficaci se ci trattiamo male. Una volta compresi i principi scientifici alla base di ciò che ci rende davvero produttivi, spero vi fiderete di quello che già sapete su voi stessi e a partire da questo comincerete a concepire la vostra giornata pensando a come e quando ritagliarvi due ore al top.

STRATEGIA 1

Riconoscere i punti decisionali

Una delle mansioni di Doug, in quanto consulente per la pianificazione strategica, è la redazione di un'analisi mensile sugli ultimi sviluppi nel settore delle tecnologie pulite. È un compito che a Doug piace molto, perché gli consente di dare spazio alla propria creatività e di approfondire un argomento che lo affascina.

Un giorno, mentre sta preparando una di queste relazioni, entra in una specie di trance e comincia a non pensare più a niente, all'infuori dello schermo del computer davanti a sé e il rumore dei tasti mentre scrive. Tuttavia, l'incantesimo si spezza nell'attimo in cui gli cade l'occhio sull'orologio sulla scrivania: purtroppo è già tarda mattinata e avverte una fitta allo stomaco, quando si rende conto a malincuore che dovrebbe smettere di scrivere (benché voglia continuare) e rispondere piuttosto a una mail che ha ricevuto giorni prima da un collega, il quale ha bisogno di ricevere da lui dei dati per redigere il bilancio preventivo del loro dipartimento.

Così, in preda all'ansia, Doug apre la casella di posta, deciso a rispondere al collega, ma ad attenderlo ci sono una dozzina di nuovi messaggi. La sua attenzione è attirata dalla mail di una coordinatrice di progetto, che ha bisogno di conoscere la sua disponibilità nei prossimi mesi per fissare una riunione. Doug si occupa subito di questa richiesta, che gli pare piuttosto semplice e di immediata soluzione. Ma proprio quando sta per mettersi a rispondere alla mail sul bilancio preventivo (una questione alquanto complessa, a cui deve per forza fornire una risposta), arriva una notifica del calendario, che gli ricorda la riunione con l'amministratore delegato dell'azienda di lì a quindici minuti; Doug deve ancora finire di prepararsi per quell'incontro.

La cosa più intelligente da fare sarebbe chiudere la casella di posta, raccogliere le idee in vista della riunione e avviarsi verso l'ufficio dell'amministratore delegato. Ma il desiderio di provare un senso di appagamento, dato dall'aver portato a termine almeno un compito, è troppo allettante. Doug vuole togliersi il pensiero della mail sul preventivo oggi. Sono giorni che si sente in colpa per aver fatto attendere il collega.

Così, senza pensarci troppo su, decide di dedicarsi alla questione. Ha un vago ricordo di essere stato talvolta in grado, in passato, di portare a termine un compito altrettanto complesso nel giro di una decina di minuti. È successo di rado, ma è successo. E ci sono state anche delle occasioni in cui è riuscito a prepararsi per la riunione con il CEO in soli cinque minuti. Chissà quali strani segnali neurochimici di natura contraddittoria spingono le sue dita ad aprire la mail sul preventivo, eppure è quello che il suo cervello decide di fare: provare a fornire al collega i dati richiesti.

Dieci minuti dopo ha a malapena reperito le informazioni necessarie per abbozzare una risposta. Quattro minuti più tardi, si accorge che la riunione con l'amministratore delegato sta per cominciare, si maledice da solo e si precipita fuori dall'ufficio in preda alla frustrazione, lasciando a metà il proprio lavoro. Gli ci vorrà del tempo per rintracciare le informazioni che aveva raccolto per formulare la mail di risposta, ma non può arrivare in ritardo all'incontro con il CEO.

Così si presenta all'appuntamento esausto e impreparato. E non è nemmeno soddisfatto del proprio rendimento durante la mattinata che ha preceduto la riunione: nonostante abbia compiuto qualche passo avanti nella stesura del report mensile sulle tecnologie pulite, non ha però completato la sezione finale. Di conseguenza, dopo l'incontro con l'amministratore delegato perde dell'altro tempo per cercare di farsi tornare in mente come intendeva concludere quella parte. È riuscito soltanto ad abbozzare la mail sul bilancio preventivo per il collega, ma non l'ha ancora inviata. Di positivo c'è che ha spedito alla coordinatrice di progetto un messaggio relativamente poco importante con le proprie disponibilità, in modo che lei possa organizzare una riunione di lì a qualche mese.

Nell'arco della mattinata Doug ha agito come un automa, passando da un'attività all'altra senza operare delle scelte strategiche per impiegare al meglio il proprio tempo. Come vedremo tra poco, il nostro amico (proprio come tutti quanti noi) fa fatica a disinserire il pilota automatico. Il trucco per riuscirci è riconoscere quelle rare occasioni, a cavallo tra un'attività e l'altra, in cui ci si presenta davanti un punto decisionale e saperne approfittare.

OGNI TANTO DIVENTIAMO CONSAPEVOLI

Noi tutti operiamo quasi sempre in modalità automatica: pensiamo, proviamo sensazioni e agiamo seguendo delle abitudini inconsapevoli. "Inconsapevole" si riferisce a qualsiasi cosa la mente o il cervello facciano in maniera non conscia. Questo non significa che il nostro comportamento sia sconsiderato; significa soltanto che è ormai rodato e consolidato, per cui non necessita di un grande controllo consapevole.

Benché nell'introduzione io abbia sottolineato il fatto che non siamo dei computer in grado di fornire prestazioni sempre prevedibili e regolari, in una cosa siamo molto simili a quei cervelloni elettronici: in quasi tutto quello che facciamo, dal pulirsi i denti con il filo interdentale al passare la giornata a rispondere alle mail, seguiamo delle abitudini neurali (ovvero la versione umana dei programmi informatici) che guidano i nostri pensieri, i sentimenti e i comportamenti. In un certo senso ci affidiamo a queste routine in maniera automatica, senza riflettere o valutare coscientemente se ne valga davvero la pena oppure no. Come con un programma per computer, una volta avviata una routine neurale, la si lascia andare finché non viene completata o interrotta.

Quando vi pulite i denti con il filo interdentale, è molto probabile che, una volta finito, non vi rendiate nemmeno conto del numero di passaggi complicati che avete messo in atto per arrivare ad avere i denti puliti. Se qualche minuto dopo essere giunti in ufficio cominciate a controllare la posta in arrivo, può darsi che non vi accorgiate nemmeno che, una volta finito di aprire, leggere e rispondere alla prima mail, passate di getto alla successiva… e a quella dopo ancora… e così via, finché non venite interrotti da un collega per andare a pranzo. È tra l'altro altamente plausibile che quella mattina, appena giunti in ufficio, aveste sperato di occuparvi di altri progetti, ma dopo aver iniziato a rispondere alle mail, le routine neurali si sono attivate e non siete più riusciti a fermarvi, finché qualcosa non vi ha fatto tornare in voi stessi.

Nel suo libro *Il potere delle abitudini*, il reporter del «New York Times» Charles Duhigg mostra come, in certi casi, sembriamo proprio degli automi, forse più spesso di quanto siamo disposti ad ammettere[1]. L'autore spiega che non di rado agiamo in maniera piuttosto passiva, se ci vengono forniti i giusti input. Supponiamo ad esempio che, tornando a casa dal lavoro, dobbiate passare a fare un po' di spesa. Mentre vi recate in auto al supermercato, non vi soffermate certo a riflettere su ogni singola azione compiuta, come ad esempio quanto forte premete il pedale del freno o quante volte vi girate a guardare la strada. Ciascuna di queste azioni può essere svolta con estrema facilità mentre si è concentrati su qualcos'altro, come sforzarsi di ricordare la lista della spesa. Se siete come la maggior parte delle persone, una volta scesi dall'auto, nel parcheggio del supermercato, potreste infilare le chiavi in tasca sovrappensiero, per poi chiedervi se le avete effettivamente prese (e quasi sempre è così), confermando quindi l'automatismo con cui si compiono certi gesti.

Gran parte delle azioni che svolgiamo ogni giorno sono automatiche o guidate dall'abitudine e richiedono poca consapevolezza cosciente, il che non è un fattore negativo. Come afferma Duhigg, le abitudini sono fondamentali, perché ci aiutano a risparmiare energia mentale. Abbiamo bisogno di alleggerire il carico di lavoro per la parte cosciente della mente, in modo da risolvere i nuovi problemi man mano che ci si presentano davanti. Per esempio, una volta imparati i passi di un ballo, possiamo procedere per abitudine e liberare la mente per concentrarci piuttosto sull'intrattenere una conversazione mentre danziamo. Se invece si prova a parlare durante le prime lezioni di tango, il risultato non può che essere disastroso, perché all'inizio abbiamo bisogno di tutta la nostra attenzione cosciente per memorizzare i passi. Pensate a quante poche cose potremmo realizzare se dovessimo concentrarci in maniera consapevole su ogni singola mossa, come ad esempio dove mettere i piedi per compiere ciascun passo.

È per questo che le nostre giornate comprendono una serie di routine neurali inconsapevoli e abituali che spesso chiamiamo "attività": alzarsi la mattina, vestirsi, recarsi al lavoro, accendere il computer, rispondere alle mail, pranzare, partecipare a una riunione, andare a correre, cucinare la cena, prepararsi per andare a letto. Il problema è che spesso passiamo da un'attività all'altra senza riflettere a fondo su cosa abbia più senso fare prima. Agiamo in maniera spontanea, oppure seguiamo l'istinto, per quanto fuorviante possa essere, e il risultato è che sprechiamo una quantità enorme di tempo ed energie.

La prima strategia per ritagliarsi un paio di ore super produttive è molto semplice e consiste nell'imparare a riconoscere, nel corso della giornata, i rari momenti in cui si ha la possibilità e la capacità di scegliere come impiegare il proprio tempo. Questi momenti sono quelli in cui un'attività termina o viene interrotta (quando, ad esempio, si finisce di fare una telefonata) e bisogna decidere a cosa dedicarsi in seguito: meglio rispondere a una mail o prepararsi per una riunione?

Nella mia esperienza personale ho avuto modo di constatare che tendiamo a superare in fretta questi momenti, o punti decisionali, in modo da rimetterci il prima possibile a fare qualcosa che sembri produttivo. Affrontare un punto decisionale (a cavallo tra un'attività e l'altra) in modo frettoloso può farci risparmiare cinque minuti, ma partire con l'attività sbagliata può costarci anche un'ora. Eppure, quei cinque minuti ci provocano maggiore sofferenza perché siamo ben consapevoli di ogni secondo che passa, mentre durante l'ora persa procediamo per lo più con il pilota automatico inserito, il che ci fa soffrire di meno. Purtroppo, molte persone sprecano ore svolgendo lavori non essenziali o che non possono essere portati a termine fino in fondo nel tempo a disposizione.

Un ulteriore problema è che, siccome siamo spesso in modalità "pilota automatico", non ci sono tanti momenti nell'arco della giornata in cui abbiamo accesso alle nostre risorse coscienti per decidere su cosa lavorare. Per questo motivo è importante riconoscere i punti decisionali e saperne approfittare. Nelle prossime pagine spiegherò come; ma prima bisogna capire come funzionano le routine neurali e perché è così facile gestire male i punti decisionali.

ANATOMIA DI UN PUNTO DECISIONALE

Secondo una teoria piuttosto accreditata negli ambienti della ricerca scientifica, siamo per molti versi "avari" di capacità cognitive[2]. A parità di condizioni, tendiamo a intraprendere il percorso che implica il minor sforzo intellettuale. Ci riesce infatti relativamente facile mettere in atto routine neurali inconsapevoli e rodate, mentre un processo decisionale più conscio e deliberativo richiede un maggiore impegno mentale. Pertanto, agendo da "spilorci della cognizione", è probabile che ci affidiamo a routine neurali automatiche anziché a processi decisionali consapevoli, se possiamo cavarcela così.

Quando seguiamo in maniera meccanica una routine neurale, scivoliamo tutti in una specie di trance. Il concetto di "trance" è definito, in una delle accezioni fornite dal dizionario online *Merriam-Webster*, come «uno stato in cui non si è consapevoli di quello che accade intorno a sé perché si sta pensando a qualcos'altro»[3]. Se state preparando una presentazione, potreste non notare i due colleghi in piedi a pochi passi dalla vostra postazione di lavoro. Se siete assorti nella lettura di una relazione, può darsi che non vi accorgiate di avere fame o che sia ora di pranzo. Quando è in atto una routine neurale, si ha meno autoconsapevolezza e meno consapevolezza di quello accade all'infuori della routine.

Tuttavia, appena questa termina (quando, ad esempio, finite di pulirvi i denti con il filo interdentale o smettete di leggere la relazione) o viene interrotta da qualcuno o qualcosa (quando, ad esempio, un collega interrompe i preparativi della presentazione per chiedervi un consiglio su un altro progetto), l'autoconsapevolezza riaffiora. Il passaggio dall'essere profondamente assorti in una routine neurale all'interruzione della stessa può essere fastidioso.

Prendiamo in considerazione il caso di una pediatra che svolge più di una ventina di visite al giorno. Di solito entra ed esce dall'ambulatorio, ripetendo quasi sempre la stessa serie di azioni e comportamenti: saluta, si lava le mani, si avvicina al bambino e lo visita, mentre sottopone qualche domanda all'accompagnatore, poi si toglie i guanti, si siede al computer e inserisce alcune informazioni nel file del paziente, mentre continua a parlare con l'adulto; infine, gioca con il bimbo per qualche secondo e consegna all'accompagnatore un riepilogo cartaceo della visita. Benché presti grande attenzione al paziente e alle informazioni fornite dall'adulto, molte sue azioni sono quasi automatiche.

Ma cosa accadrebbe se, non appena finita una visita, scoprisse che l'appuntamento successivo è stato annullato? Potrebbe provare una piacevole sensazione di libertà al pensiero di poter scendere in guardiola a socializzare con il personale infermieristico. Oppure, potrebbe sentirsi smarrita, perché non avrebbe più scuse per non occuparsi delle scartoffie dell'assicurazione che la reclamano. Ad ogni modo, si ritroverebbe in uno stato di elevata autoconsapevolezza e forse anche di indecisione, in confronto a quando erano in atto le routine legate alle visite. Prima, infatti, non doveva scegliere come trascorrere i quindici o venti minuti successivi, perché bastava che si dedicasse a un altro paziente.

Proprio come succede alla nostra pediatra, anche noi ci ritroviamo spesso alla deriva ogni volta che una routine neurale termina o viene interrotta. Come mai?

Per rispondere a questa domanda dobbiamo dapprima comprendere le due macro-tipologie di funzioni mentali che ci riguardano: quelle autoconsapevoli e intenzionali contrapposte a quelle automatiche e inconsapevoli. Un gruppo di ricercatori della San Francisco State University sostiene che il compito principale della consapevolezza sia quello di prendere delle decisioni quando le nostre routine neurali automatiche incappano in qualche ostacolo, in particolare quando diverse routine neurali simultanee ci guidano a svolgere azioni *fisiche* in conflitto tra loro[4].

Per esempio, fissare lo schermo del computer mentre si legge una mail è in conflitto con l'azione di voltarsi a guardare la propria moglie o il proprio marito mentre vi sta rendendo partecipi dei suoi programmi per uscire con gli amici (cosa che a me non è mai successa). Le due routine sono in concorrenza tra loro perché una vi tiene assorti in modalità zombie in una specie di conversazione immaginaria con il mittente della mail, mentre l'altra richiede una reazione e una partecipazione attiva in un dialogo dal vivo con la vostra dolce metà.

Queste due azioni (fissare il computer e guardare in faccia l'altra persona) sono incompatibili; di conseguenza, la capacità cosciente, in grado di valutare e prendere decisioni, viene in nostro soccorso per aiutarci a risolvere il conflitto. Quando individuiamo una contrapposizione che richiede la nostra attenzione, viene attivata un'area specifica del nostro cervello: la corteccia cingolata anteriore dorsale[5]. Alcuni ritengono che si tratti di una sorta di sistema di allarme atto a richiamare un maggior numero di risorse coscienti[6]. In effetti, sembra che la riflessione consapevole funga solo da semplice tampone nel caso in cui i processi automatici sfocino in azioni conflittuali e necessitino di un'attività decisionale.

Pertanto, i punti decisionali sono spesso dovuti all'insorgenza di una contrapposizione tra comportamenti automatici diversi tra loro, oppure tra comportamenti e obiettivi. In quei momenti possiamo sentirci sospinti in molteplici direzioni.

Poiché i punti decisionali derivano spesso da un conflitto, possono rivelarsi alquanto spiacevoli. Per tornare all'ultimo esempio, concludere un pensiero mentre si scrive una mail di risposta e voltarsi a guardare la propria dolce metà per ascoltare quello che ha da dire possono essere due attività piacevoli, prese separatamente; ma se mai vi capitasse di dover scegliere tra le due, scommetto che vi irritereste e trovereste piuttosto sgradevole quello specifico punto decisionale.

Nei momenti in cui siamo più autoconsapevoli, cominciamo a notare tutto quanto, come ad esempio ogni voce dell'elenco di cose da fare che avevamo scordato, insieme al passare del tempo. Il controllo pressante di quello che stiamo facendo è spesso vissuto come una vera scocciatura. Uno studio ha dimostrato che più dobbiamo calibrare pensieri, sentimenti e azioni, più le ore sembrano scorrere lente[7]. Eppure, solo perché siamo più consapevoli del passaggio "improduttivo" del tempo non vuol dire che ne stia passando un sacco; significa soltanto che ne siamo più consapevoli. La maggior parte della gente che conosco, quando ha un'agenda molto fitta di impegni, tende a diventare un po' ansiosa o a sentirsi in colpa appena prende coscienza dello scorrere del tempo senza che vengano compiuti dei passi avanti sulla tabella di marcia. È proprio perché i punti decisionali possono mettere a disagio che abbiamo la tendenza a cercare di sbarazzarcene in fretta e furia.

Ed è allora che di solito le cose vanno storte.

LO SVANTAGGIO DEI PUNTI DECISIONALI

L'attimo che segue la conclusione di una routine neurale è un momento topico per assicurarsi due ore di super produttività. È in quell'istante, infatti, che si ha l'opportunità di decidere come utilizzare al meglio il lasso temporale successivo. Che sia il momento giusto per controllare la posta elettronica e rispondere a quante più mail possibile prima del prossimo appuntamento? Oppure, se si hanno due ore a disposizione, ha più senso immergersi in un progetto che richiede una certa dose di concentrazione per un lungo periodo di tempo? Qual è la scelta più efficace? Prepararsi subito per una riunione che si terrà tra un paio di ore o farlo invece a ridosso dell'incontro, così da avere ancora freschi in mente gli argomenti che si vogliono trattare? Avere un'idea ben precisa di come si intende procedere subito dopo aver concluso un'attività fa una bella differenza, in termini di buon uso del tempo, a prescindere dalla quantità di ore a disposizione.

Avere ben chiaro come utilizzare il proprio tempo non è un concetto rivoluzionario, eppure in pochi ne sono capaci. Sentimenti come il senso di colpa, l'ansia o le loro controparti positive (il desiderio di compiacere gli altri, l'impazienza) ci spingono a procedere con l'attività che associamo a una determinata emozione. Ma questo non significa che si tratti necessariamente di un impiego proficuo del nostro tempo. Il risultato è che quando diventiamo coscienti del ticchettio dell'orologio, cediamo all'impulso emotivo di svolgere una certa attività, o veniamo sopraffatti da un senso crescente di indecisione, è del tutto naturale buttarsi a capofitto sulla prima attività che ci passa per la testa in quel momento. Di istinto tendiamo a limitare l'arco di tempo in cui siamo più consapevoli del fatto che *non* stiamo svolgendo alcun incarico e, di conseguenza, cerchiamo di darci da fare il prima possibile.

A volte, per un colpo di fortuna, l'attività che aveva casualmente attirato la nostra attenzione si rivela proprio quella a cui era meglio dedicarsi in quel momento. Ma se questa fosse una strategia affidabile, la sensazione di rimorso che proviamo dopo aver "sprecato" un pomeriggio intero a... (riempire lo spazio a piacere) e che noi tutti conosciamo fin troppo bene, non costituirebbe un grosso problema.

I punti decisionali possono durare alcuni secondi e spesso anche qualche minuto. Immaginate di concedervi più o meno cinque minuti di transizione da un'attività all'altra ogni volta che vi trovate davanti a un punto decisionale. Se si è fortunati, di questi momenti possono essercene anche dieci in un giorno, per cui, in totale, si dedicherebbero circa cinquanta minuti ai punti decisionali. Pertanto, dopo esservi presi il tempo necessario per operare una scelta consapevole, passereste a occuparvi di attività importanti oppure consone alla quantità di tempo a vostra disposizione.

In alternativa, supponiamo che si punti alla cosiddetta "efficienza" e si ignorino bellamente i punti decisionali, vissuti come momenti "improduttivi". Ci sono buone probabilità di finire per svolgere un'attività di scarsa importanza o inappropriata a un determinato momento. Quanto tempo si perde quando accade una cosa del genere? Potenzialmente, tantissimo. Ecco come si accumulano tutte quelle ore di mancata produttività.

Nel tentativo di districarci in maniera rapida ed efficiente tra i vari punti decisionali, potremmo lasciarci sfuggire l'opportunità di impiegare con cognizione di causa sforzi ed energie. Ad ogni modo, possiamo imparare a reagire in maniera diversa di fronte a questi momenti.

SFRUTTARE AL MEGLIO I PUNTI DECISIONALI

Il segreto per ottenere il massimo dai punti decisionali che ci si presentano davanti è prendersi un attimo per riflettere con consapevolezza su ciò che conta davvero per noi in quel preciso momento. In tutta onestà, non sono d'accordo con alcuni esperti della gestione del tempo che ci consigliano di condurre una profonda ricerca interiore per capire come investire il nostro tempo. Nel grande schema delle cose, sono convinto che non sia difficile intuire cosa sia bene portare a termine. Se mentre siamo in vacanza qualcuno ci chiedesse cosa reputiamo importante nel nostro lavoro, sono certo che sapremmo rispondere alla domanda con estrema facilità. Sappiamo cosa conta davvero.

Ma dovendo affrontare le pressioni di una giornata di lavoro in cui ci sembra di avere sempre a che fare con questioni urgenti – come rispondere a mail accompagnate da punti esclamativi che ne indicano l'alta priorità (solitamente per qualcun altro e non per noi), gettare acqua sul fuoco quando si scoprono degli errori e far fronte ai problemi quotidiani che spuntano fuori in continuazione –, è facile scordare le attività davvero importanti. Così le releghiamo in fondo alla lista delle cose da fare, perché sembrano "importanti, ma non urgenti", come le definisce Stephen Covey nel suo libro *Le sette regole per avere successo*[8].

Per esempio, prendendo in considerazione il mio caso, chiunque potrebbe facilmente concludere che scrivere libri, articoli e post abbia una certa rilevanza per me. Imparare ad ascoltare con attenzione e porre domande utili è altrettanto importante, così come creare nuove sintesi di ricerca e metodi di insegnamento per diffonderle, nonché formare una squadra di lavoro che mi assista nel farlo. Sono queste le attività che mi procurano maggiore soddisfazione, che aiutano le persone con cui lavoro ad avere successo e che mi fanno avanzare nella carriera. Quando non dedico loro il tempo sufficiente, sono quelle che mi pesano di più sulla coscienza, a ulteriore riprova della loro importanza. Eppure, cosa attira la mia attenzione quando mi siedo davanti al computer il lunedì mattina? Migliaia di richieste, promesse fatte ad altri e scadenze che in qualche modo si sono insinuate nella mia mente. Ma prima di buttarmi a capofitto su una qualsiasi di queste attività, posso, in una manciata di minuti, ristabilire un contatto con ciò che conta davvero per me quel giorno[9].

Quando ci si presenta davanti un punto decisionale – che sia all'inizio di una giornata lavorativa o una volta portata a termine un'attività, per cui si avverte, anche solo per una frazione di secondo, quell'improvvisa sensazione sgradevole di incertezza sul da farsi –, si ha per le mani un'occasione d'oro. In quell'istante, infatti, è possibile mettere in moto i meccanismi dell'autoconsapevolezza per prendere delle valide decisioni e scegliere di dedicare il proprio tempo alle questioni più importanti.

Ci sono tre trucchi per sfruttare al meglio questi momenti:

- assaporare ogni punto decisionale;
- pianificare in anticipo i propri punti decisionali;
- non intraprendere una nuova attività senza aver stabilito in maniera consapevole che si tratta di quella giusta.

Diamo uno sguardo più approfondito a ciascuno di questi aspetti.

Assaporare ogni punto decisionale

I punti decisionali non si verificano molto spesso nell'arco della giornata e non si può sempre sapere quando se ne presenterà uno. Ad ogni modo, essi rappresentano il momento in cui si può scegliere volontariamente quale nuova direzione intraprendere. Pertanto, ciascun punto decisionale è prezioso e va gustato e rispettato.

Quando affermo che va "rispettato", intendo dire che bisogna riconoscerlo, se ci si para davanti, e saperlo sfruttare. Intendo dire che bisogna lasciare che il punto decisionale svolga la sua funzione, piuttosto che ignorarlo e andare dritti per la propria strada passando all'attività successiva verso cui i nostri processi inconsapevoli ci spingono. Intendo dire che bisogna fare un passo indietro, ristabilire un contatto con quello che conta davvero per noi e poi decidere quale possa essere la linea di condotta migliore da seguire.

I punti decisionali consentono di assumere un certo distacco dai propri interessi immediati e permettono di effettuare delle scelte più strategiche e intenzionali. La ricerca scientifica conferma che mantenere una distanza psicologica favorisce un pensiero di livello superiore, nonché la capacità di tenere presente il quadro generale della situazione[10]. Quando giungiamo troppo vicini a una decisione, tendiamo a dare troppo peso agli interessi contingenti.

Studi scientifici, ad esempio, dimostrano che le persone sono disposte a rinunciare a una somma più ingente di denaro, elargita a distanza di qualche mese o persino un anno, a patto di ricevere meno soldi ma subito, nonostante sia loro chiaro che ne intascheranno molti di meno. La rapidità con cui tendiamo a trascurare il valore futuro delle cose è stata addirittura schematizzata: uno studio ha dimostrato che in media le persone preferirebbero riscuotere un buono regalo da settantacinque dollari oggi piuttosto che ricevere circa centodiciotto dollari fra tre mesi o centottantacinque dollari tra un anno[11]. È evidente che sia centodiciotto che centottantacinque dollari siano più di settantacinque, ma basta che ce li sventolino davanti agli occhi e diventa davvero difficile resistere.

Benché quest'esempio comporti una distanza psicologica maggiore rispetto a quella che consiglio di assumere distogliendosi solo per qualche minuto dal proprio lavoro, illustra comunque piuttosto bene quanto possano essere sballate le nostre decisioni senza un po' di sano distacco. Operiamo spesso delle scelte che avranno delle conseguenze sul futuro, ma se ci facciamo guidare dal momento, rischiamo di perdere di vista il quadro di insieme. Siamo in grado di individuare la decisione più logica ed evidente ma nel portarla psicologicamente molto vicina a noi, sopravvalutiamo il presente.

Torniamo alla nostra amica pediatra. Quando l'abbiamo lasciata, aveva appena saputo che un paziente aveva annullato l'appuntamento successivo e in sala di attesa non c'era nessun altro che aspettasse di essere visitato. La dottoressa si è così ritrovata inaspettatamente con venti minuti a propria disposizione, un evento che capita forse un paio di volte alla settimana. La sua mente è volata subito alla pila di scartoffie dell'assicurazione che la reclamano. Tra l'altro, si è anche ricordata di dover compilare alcuni documenti per uno studente di medicina che ha supervisionato in mattinata.

In un altro momento della sua vita si sarebbe seduta al computer e si sarebbe buttata a capofitto su una delle due attività. Si sarebbe addirittura complimentata con se stessa per la propria efficienza, poiché, facendo subito quel lavoro, avrebbe potuto rincasare prima la sera. Senza ombra di dubbio, però, sarebbe rimasta invischiata nella compilazione di un modulo noioso e poco chiaro, i venti minuti sarebbero volati via in un batter d'occhio e avrebbe probabilmente dovuto abbandonare quello che stava facendo, senza riuscire a portarlo a termine, per correre ad accogliere il paziente successivo, il che le avrebbe lasciato addosso un profondo senso di frustrazione. Inoltre, è quasi certo che sarebbe stata distratta per i primi cinque minuti della visita.

Stavolta, invece, sa perfettamente cosa fare: prende le distanze dai pensieri che le passano per la testa e dalle preoccupazioni contingenti della giornata, fa un sorrisetto e osserva tra sé e sé: "Ho già messo in conto il tempo per occuparmi di queste cose stasera. Ciò che conta davvero per me è mantenere un buon rapporto con il personale. Quando cooperiamo tutti insieme senza intoppi, lavoro meglio e mi diverto di più". Con questo proposito in mente si dirige verso la guardiola per fare due chiacchiere con il personale infermieristico. Quelle signore sanno come divertirsi e la nostra pediatra è consapevole che passare un po' di tempo insieme a loro non solo rafforzerà il suo rapporto con le colleghe, ma le consentirà anche di far riposare il cervello, prima di tornare a dedicarsi a quello che sarà inevitabilmente un lavoro di qualità superiore, per il bene degli stessi pazienti.

Pianificare in anticipo i propri punti decisionali

Interruzioni e distrazioni sono inevitabili. Nonostante una pianificazione attenta e scrupolosa, le nostre attività vengono spesso interrotte da una mail urgente, una telefonata o un collega che passa a trovarci con una "domandina al volo" per noi. Non sappiamo con precisione quando, ma sappiamo che ci sono buone probabilità che queste interruzioni si verifichino e da ognuna deriva un punto decisionale.

Perché aspettare che si manifestino per pianificare come reagiremo? Quando si è colti alla sprovvista da un'interruzione, è più facile reagire di istinto, piuttosto che assaporare il punto decisionale venutosi a creare. È più probabile lasciarsi guidare in fretta e furia dal proprio pensiero inconsapevole verso un'altra attività da svolgere, piuttosto che prendersi un momento per effettuare una scelta strategica e cosciente, il che può comportare uno spreco inaudito di tempo.

Pianificare le nostre reazioni nei confronti dei punti decisionali prima ancora che questi si verifichino ci consente di sfruttare al meglio sia i punti stessi che il nostro tempo. Numerose ricerche hanno dimostrato che prevedere gli eventuali ostacoli lungo il percorso aumenta enormemente le probabilità di comportarsi nel modo ideale, invece di limitarsi a reagire. Si è scoperto che progettare in anticipo i propri comportamenti a seconda delle situazioni aiuta a perdere peso[12], a controllare le emozioni[13] e consumare più frutta e verdura[14], oltre a produrre molti altri benefici[15].

Le intenzioni di implementazione (dall'inglese "*implementation intention*") consistono nel prevedere di "implementare", ovvero svolgere una determinata azione qualora si verifichi un certo fattore. Si tratta di un approccio "se-allora": "se si verifica un'interruzione, allora intraprenderò l'azione X". La scelta dell'azione è affidata a chi parla. Tuttavia, è bene osservare che non serve a nulla "pianificare" di usare la propria forza di volontà per resistere a un istinto in un determinato momento, né promettere a se stessi di non ricorrere ai soliti vecchi comportamenti indesiderati. Progettare di *non* fare qualcosa tende a non funzionare. È importante pianificare di intraprendere una nuova azione che si vuole mettere in atto, poiché questo aumenta le probabilità di successo.

Esistono molte prove del fatto che usiamo più o meno lo stesso circuito neurale sia per visualizzare un'azione che per metterla in pratica[16]. La ricerca suggerisce che visualizzare l'azione che intendiamo svolgere qualora si presentasse un ostacolo prepara il circuito neurale e di conseguenza ci rende più predisposti ad attenerci ai nostri piani, qualunque cosa accada. Questo spiega in parte il motivo per cui, com'è stato dimostrato, immaginare delle mosse sportive vincenti (in aggiunta alla pratica fisica) aiuta a eccellere negli sport[17], visualizzare degli interventi chirurgici può agevolare i medici ancora in formazione ad affinare le proprie competenze[18], immaginarsi di fare un figurone durante l'imminente colloquio di lavoro può migliorare la nostra prestazione effettiva[19] e visualizzare l'attivazione di un muscolo può contribuire ad aumentare la forza muscolare[20].

Il concetto di intenzione di implementazione può essere applicato anche per generare ulteriori punti decisionali. Vale a dire che possiamo immaginare degli eventi che con ogni probabilità si verificheranno nell'arco della giornata e pianificare di fermarci per un punto decisionale ogni qualvolta questi eventi si manifestano. Supponiamo, ad esempio, che capiti spesso di essere interrotti da colleghi che vengono a farci una "domandina veloce"; si può decidere in anticipo che, quando questo accadrà, si trasformerà quell'attimo in un punto decisionale. L'interruzione ci fa uscire dallo stato di trance e dalla routine neurale che stava guidando l'attività in cui eravamo assorti, dandoci modo di valutare se passare o meno a qualcos'altro. Io stesso, a volte, mi immergo a fondo in attività che non vale la pena svolgere e un'interruzione dall'esterno può offrirmi l'opportunità di prendere in considerazione un impiego più oculato del mio tempo. Pianificando in anticipo e immaginando nuove reazioni concrete, possiamo produrre dei punti decisionali. Prepararsi dei piani di azione basati sulla logica “se-allora” aiuta a sfruttare al meglio questi momenti.

Riprendiamo l’esempio di Doug, il consulente per la pianificazione strategica che abbiamo incontrato nelle prime pagine di questo capitolo. Lo ritroviamo seduto a cena con la propria famiglia, una domenica sera. Si sono appena messi tutti a tavola e la conversazione non è ancora iniziata, quand’ecco che viene colto da un’illuminazione improvvisa su un progetto di lavoro. È tentato di alzarsi per andare ad appuntare le proprie idee e rimuginare un po’ su quella nuova intuizione. Ma se così facesse, perderebbe l’occasione di trascorrere la serata con i suoi due bimbi, di 3 e 6 anni, situazione che purtroppo si ripete spesso in questo periodo della sua carriera. Eppure, pensa tra sé, deve definire quel progetto al più presto, ma quando è in ufficio, è subissato dalle richieste dei colleghi, dalle mail a cui rispondere e dal solito elenco di cose da fare.

Benché sia difficile programmare in anticipo un lampo di genio come quello, Doug ha notato che le intuizioni lavorative lo colpiscono quando finalmente si rilassa, di solito a cena con la propria famiglia. Di conseguenza, ha preparato un piano per quel preciso scenario: se un’illuminazione lo dovesse cogliere mentre si trova in compagnia della famiglia, si prenderà un paio di minuti per valutare la validità dell’intuizione.

Quella domenica sera in particolare, quando l’illuminazione lo colpisce, interrompendo la conversazione tra famigliari, si genera un punto decisionale. Doug prende le dovute distanze dai propri pensieri e analizza la situazione nel suo complesso: è a casa, con i suoi bambini, e vuole godersi il tempo con loro, ma sarebbe assurdo non annotarsi le importanti intuizioni che ha appena avuto, rischiando così di scordarsele del tutto. Decide pertanto di chiedere alla propria famiglia di concedergli mezz’ora per mettere nero su bianco alcuni pensieri e dice ai bambini di andarlo a chiamare una volta passati i trenta minuti. Lui sa che mezz’ora non basterebbe per portare a termine il lavoro, perciò si impegna a buttare giù soltanto le idee di base, così da poterle riprendere e sviluppare una volta in ufficio. Trascorsi i trenta minuti torna in salotto dai suoi bambini, pronto a costruire uno strepitoso fortino con i LEGO®.

Non intraprendere una nuova attività senza aver stabilito in maniera consapevole che si tratta di quella giusta

Quando si raggiunge un punto decisionale, buttarsi a capofitto sull'attività successiva comporta spesso una perdita di tempo superiore rispetto al prendersi qualche minuto per decidere con cognizione di causa come sarebbe meglio procedere. Il segreto consiste nel saper cogliere e mettere a frutto il punto decisionale. Ecco come.

Prima di tutto, una volta portata a termine una certa attività, invece di pensare a cosa fare subito dopo, è bene *etichettare quel momento come punto decisionale*. Per esempio, quando metto giù il telefono dopo quarantacinque minuti di consulenza, dico letteralmente a me stesso: "Questo è un punto decisionale", il che basta a convincermi a fare una pausa. A volte mi alzo addirittura in piedi e mi allontano dal computer, oppure bevo un po' di acqua o un caffè. Avendo fatto lavorare a tutto spiano le funzioni cognitive per quarantacinque minuti, lascio sedimentare il polverone mentale che ho in testa per essere di nuovo in grado di decidere da cosa convenga ripartire.

Ma come si fa a scegliere a cosa dedicare il proprio tempo? Uno dei segreti è individuare il compito più importante della giornata, il che è molto più facile se ci si concede un momento per riflettere con calma. A dire il vero, si può fare anche di meglio, tenendo ad esempio in considerazione il proprio stato d'animo, il livello di stanchezza, le risorse mentali di cui si vuole disporre a un certo punto, nell'arco della giornata, e il tipo di ambiente in cui si svolge il proprio lavoro. Nell'illustrare le prossime strategie, analizzeremo i modi per gestire al meglio ciascuno di questi fattori e avvalersi così di ogni punto decisionale.

USARE CON SAGGEZZA I PUNTI DECISIONALI

La nostra tendenza a immergerci nel lavoro, entrando in una specie di trance e lasciandoci guidare dalle routine neurali, non è assolutamente un difetto. È piuttosto una conseguenza naturale del fatto che buona parte di quello che facciamo è gestita da processi cerebrali che operano in maniera relativamente inconsapevole e automatica. Ma la nostra capacità di ritagliarci due ore di super produttività dipende, in larga misura, dall'abilità di prendere delle decisioni sensate e consapevoli su come trascorrere il tempo e a cosa dedicarlo. I rari momenti a cavallo tra un'attività e l'altra in cui ci risvegliamo dalla trance lavorativa sono un dono di cui dobbiamo saper approfittare in maniera oculata.

Man mano che aumenta la consapevolezza nei confronti dei punti decisionali in cui ci imbattiamo nell'arco della giornata, potremmo restare stupiti di quante volte in passato ci siamo arresi di fronte al desiderio del nostro cervello di concentrarci sulla prima attività che ci balenava davanti. Imparare a utilizzare con saggezza i punti decisionali è la strategia (nonché la sfida) numero uno; la seconda è imparare a gestire la propria energia mentale mentre si lavora.

Gestire l'energia mentale

Ogni giorno è una guerra tra priorità: meglio occuparsi della richiesta apparentemente urgente per cui un collega ci ha chiamato ieri sera, rispondere a una nuova mail del nostro cliente di punta o dedicarsi piuttosto alla lunga relazione che dobbiamo consegnare tra un paio di giorni? Per anni gli esperti di produttività hanno affermato che il modo migliore per gestire il proprio tempo è concentrarsi dapprima sulle priorità, perché in seguito potrebbe non esserci più tempo. Benché abbiano in parte ragione (*è* spesso utile occuparsi dapprima delle priorità), il loro consiglio non prende però in considerazione un aspetto importante: l'energia mentale è il carburante che ci fa andare avanti, oppure no.

Ogni attività mette a dura prova la nostra mente e qualcuna addirittura ci sfinisce; ciascun compito può suscitare in noi delle emozioni che lo rendono più semplice o più difficile da portare a termine, così come quelli a seguire. Sarebbe senz'altro magnifico poter dare il massimo in ogni attività che svolgiamo, ma abbiamo una quantità limitata di energia mentale a disposizione. Se si vogliono porre le basi per un paio di ore di super produttività, è molto meglio scegliere a cosa dedicare la giusta energia mentale e rimandare in modo strategico le attività in agenda che intralciano il nostro obiettivo.

Come possiamo realizzare le condizioni necessarie a produrre la giusta energia mentale al momento giusto? Una volta compreso quali tipi di attività affaticano di più la nostra mente e come le emozioni influenzano la nostra produttività, possiamo ritagliarci ogni giorno almeno due ore al top in cui le nostre priorità coincidono con quelle del nostro cervello.

COMPRENDERE L'AFFATICAMENTO MENTALE

Tom, direttore marketing di un'azienda che produce articoli sportivi, è entusiasta dell'ultima idea che ha avuto: rilanciare una linea da tennis classica che in passato ha determinato la fortuna dell'azienda. La notte prima della presentazione informale del proprio progetto (che si terrà davanti all'amministratore delegato, al direttore finanziario e al resto della dirigenza) se ne sta sdraiato a letto a riflettere su alcune proposte per la nuova collezione; già si immagina quanto potranno piacere ai vertici e si vede come colui che riporterà in auge l'azienda. Quando riesce finalmente ad addormentarsi, molto più tardi di quanto sperasse, è piuttosto galvanizzato e ha un buon presentimento riguardo all'indomani.

Il giorno seguente, mentre si reca al lavoro, pensa a come organizzare la mattinata. La riunione con l'amministratore delegato è prevista per le 11:00 e Tom vuole ritagliarsi almeno una mezz'ora per buttare giù le varie idee che gli sono venute la sera prima. È però consapevole del fatto che l'ultima volta che ha controllato la posta elettronica è stato alle 2:00 del pomeriggio precedente, prima di lasciare l'ufficio per un incontro fuori sede. È pertanto curioso di sapere se c'è qualche faccenda urgente che richiede la sua immediata attenzione.

Mentre il caffè comincia a fare effetto, si siede alla scrivania, apre di istinto la casella di posta e pensa: "Do solo un'occhiata veloce, giusto per essere aggiornato, così poi sarò libero di prepararmi meglio per la presentazione, senza l'ansia di essermi perso qualche messaggio importante".

Un'ora e mezza più tardi, quando finisce di rispondere anche all'ultima mail, apre un documento per annotare alcune idee in vista della riunione ma… niente da fare. Stenta a ricordare tutte le brillanti intuizioni che aveva avuto la sera precedente e fa una gran fatica a selezionare le migliori tra quelle che gli tornano in mente. Avrà solo dieci minuti per convincere coloro che hanno potere decisionale in azienda. Meglio aprire il discorso con le informazioni che ha raccolto tratte dal feedback dei clienti o esordire con un'indagine approfondita sulla concorrenza? Teme che ogni sua proposta risulti stupida o ingenua. All'improvviso non è più così convinto della propria idea. "Sono davvero in grado di realizzare questo progetto?", si domanda.

La verità è che in quel preciso momento Tom non è capace di realizzare né il progetto né la presentazione. Le funzioni esecutive del suo cervello sono esaurite e lui nemmeno lo sa.

Perché dire di no a una ciambella stanca il cervello

Senza saperlo, Tom ha sovraccaricato quelle che gli psicologi e i neuroscienziati chiamano le "funzioni esecutive", termine che descrive i vari processi di controllo e coordinazione messi in atto dal cervello. Alcune aree cerebrali si comportano proprio come i dirigenti di un'azienda nei confronti dei dipendenti, nel senso che guidano e correggono la loro condotta, solo che, nel caso del cervello, queste operazioni si ripercuotono su pensieri, sentimenti e azioni.

Le funzioni esecutive svolte dal cervello includono i processi decisionali ("Meglio indossare una maglietta rossa o una blu stamattina?"), quelli di pianificazione ("Prima vado dal dentista, poi, sulla strada verso casa, mi fermo a prendere qualcosa per cena") e la capacità di conservare le nozioni per un breve periodo di tempo, finché ci servono ("Devo ricordarmi il nome della persona che ho appena conosciuto finché non la presento al mio socio").

Le funzioni esecutive comportano anche l'inibizione di certe azioni, sentimenti e pensieri, e consentono ad esempio di ignorare i piccoli sgarbi personali subiti da parte del proprio capo, o di mantenere la concentrazione per preparare le *slide* di una presentazione, nonostante si venga distratti dallo squillo del telefono o dalle notifiche delle mail. L'autoinibizione, o autocontrollo, è una delle funzioni esecutive più importanti espletate dalla mente umana.

Esercitare l'autocontrollo, alla lunga tende a usurare la funzione stessa. Le varie forme di autocontrollo (che ci inducono a trattenerci quando mangiamo, tenere a freno la rabbia, limitare gli acquisti impulsivi, resistere all'istinto di vendere le azioni quando i prezzi scendono) hanno almeno un elemento in comune: dopo averle messe in atto, di solito ci comportiamo come se i meccanismi cerebrali di autocontrollo fossero esauriti o comunque sfiniti. È interessante notare che alcuni studi sull'argomento suggeriscono che, anche quando siamo davvero "sfiniti" in questo senso, il cervello resta comunque in grado di esercitare l'autocontrollo, ma a quanto pare viene meno la motivazione che ci spinge a continuare a controllarci[1].

Non esiste ancora un verdetto definitivo al riguardo, ma è stata avanzata l'ipotesi secondo la quale qualsiasi tipo di autocontrollo (che si tratti di resistere a una pasta dolce per colazione, trattenere le lacrime, porgere l'altra guancia quando qualcuno si comporta in maniera aggressiva e molte altre forme simili) è gestito in parte da alcune aree cerebrali condivise, come la corteccia prefrontale ventrolaterale e la corteccia cingolata anteriore dorsale[2]. Dopo aver portato a termine un'attività di autocontrollo, quelle aree del cervello sono meno efficaci nel mettere a punto un'ulteriore operazione di autocontrollo. È proprio come quando si svolge dell'esercizio fisico: dopo aver corso per un po' e aver soddisfatto il bisogno di fare moto, sul momento non si avverte più l'esigenza di *tornare* a correre[3].

Solo che, mentre la maggioranza delle persone tende a dedicarsi alla corsa non più di una volta al giorno, il nostro cervello ha a che fare con l'autocontrollo in continuazione: quest'ultimo, infatti, ci aiuta a evitare la procrastinazione quando dobbiamo concludere un progetto, a rinunciare a un'altra fetta di torta, anche se ne avremmo una gran voglia, e a superare l'istinto di restare a letto quando il bimbo si sveglia piangendo nel cuore della notte. Più ci avvaliamo dell'autocontrollo, più per il cervello diventa complicato gestire le operazioni di autocontrollo successive, il che spiega come mai se ci asteniamo dal mangiare una ciambella a colazione, potrebbe rivelarsi più difficile rifiutare un *cupcake* al pranzo di compleanno del collega e ancora più arduo rinunciare a un dessert dopo cena. Alla fine, il nostro cervello, ormai esausto, molla il colpo e ci ritroviamo a spazzolare un'intera vaschetta di gelato al cioccolato[4].

Le conseguenze del prendere troppe decisioni

Sono probabilmente pochi i mestieri per cui è vitale astenersi dal gelato al cioccolato. Eppure, qualsiasi lavoro svolto a livello professionale, dirigenziale o manageriale richiede capacità decisionali e autocontrollo di fronte a numerose potenziali distrazioni. Di base, per essere produttivi bisogna restare concentrati sul proprio incarico e resistere alle tentazioni presenti nell'ambiente lavorativo: notifiche di posta elettronica, colleghi che passano a salutarci, attività più piacevoli da svolgere e così via.

Più in profondità, invece, per essere produttivi ci vuole autocontrollo, perché per prendere decisioni valide e fare investimenti o progetti è necessario valutare più opzioni in concorrenza tra loro. Ogni volta che abbiamo varie alternative a disposizione, abbiamo anche delle ragioni per perseguire ciascuna opzione e, di conseguenza, l'autocontrollo è indispensabile per rinunciare a tutte tranne una. Come spiegano Roy Baumeister e John Tierney nel loro libro *Volere è potere*, le persone si tengono aperte più possibilità (talvolta anche a caro prezzo e per un misero guadagno) perché «per prendere decisioni ci vuole forza di volontà, quindi l'esaurimento della forza di volontà induce a procrastinare o a evitare le decisioni»[5].

Questo legame tra processo decisionale e autocontrollo è ciò che rende le cose particolarmente interessanti. Infatti, non solo, a quanto pare, quando esauriamo le riserve di autocontrollo per svolgere un'attività ci sentiamo meno incentivati a svolgere bene quelle successive, ma è stato anche dimostrato che altre attività esecutive, come ad esempio i processi decisionali, possono mettere a dura prova il nostro autocontrollo.

Come se non bastasse, uno studio scientifico condotto da un gruppo di ricercatori della University of Minnesota e della Florida State University ha illustrato quanto sia facile affaticare il cervello in questo modo senza nemmeno accorgersene[6]. Durante uno degli esperimenti è stato chiesto ad alcuni partecipanti di scegliere dei corsi da seguire in base alle proprie esigenze, mentre gli altri sono stati invitati a dare soltanto un'occhiata all'elenco dei corsi e pensare a quali potessero essere più inerenti ai loro bisogni. In pratica, i due gruppi hanno fatto quasi la stessa cosa, solo che uno ha dovuto prendere una decisione, mentre l'altro no. I ricercatori hanno quindi indagato quanta energia mentale avessero ancora in serbo i partecipanti, osservando per quanto tempo avrebbero continuato a svolgere una certa attività. A tutti è stato richiesto (ma non imposto) di studiare per una quindicina di minuti per un esame che avrebbero dovuto sostenere in seguito.

Per simulare le tentazioni a cui sono sottoposti gli studenti nella vita reale e stimolare di conseguenza il bisogno di autocontrollo, durante questi quindici minuti a tutti i partecipanti è stata data la libertà di giocare ai videogiochi o leggere una rivista in sala di attesa, invece di studiare come sapevano di dover fare. I partecipanti che avevano preso una decisione in merito ai corsi hanno smesso di studiare in media dopo soli otto minuti e mezzo, mentre quelli che non avevano effettuato alcuna decisione hanno studiato per circa undici minuti e mezzo. Nel corso di ulteriori esperimenti condotti dal medesimo team di ricerca si è visto che far prendere delle decisioni ai partecipanti (su dei filmati, sul tipo di domande di esame e su altri aspetti che avrebbero influenzato il metodo di insegnamento adottato per i corsi che avrebbero seguito) ha ridotto la loro capacità di autocontrollo. Il fatto di aver preso quelle decisioni ha spinto gli studenti a dedicare solo nove minuti circa alla risoluzione di enigmi impossibili, mentre i loro colleghi, che subito prima non avevano effettuato alcuna decisione, hanno riservato circa dodici minuti e mezzo all'attività.

Negli esperimenti successivi gli stessi ricercatori hanno dimostrato che il tributo imposto dai processi decisionali sulla tendenza dei partecipanti a esercitare l'autocontrollo e a portare avanti una certa attività non è influenzato né dall'entità della decisione, né dalla natura specifica dell'attività di autocontrollo. In altre parole, anche le solite decisioni futili che prendiamo ogni giorno possono lasciarci meno predisposti mentalmente all'autocontrollo.

Per farla breve, i processi decisionali procurano un affaticamento mentale che abbassa la qualità delle nostre prestazioni.

È esattamente quello che è successo al nostro amico Tom, il direttore marketing che stava cercando invano di prepararsi per la presentazione di un nuovo prodotto. Ciò di cui non si è reso conto è che rispondere alle mail, per quanto semplice possa sembrare, è in realtà un compito piuttosto faticoso. Dare una risposta a ogni singolo messaggio comporta la necessità di prendere delle decisioni, talvolta anche complesse: "Dovrei rispondere? Meglio che risponda ora? Se scrivo in questo modo piuttosto che in quell'altro, la persona che leggerà la mia risposta reagirà bene alla mail o si offenderà? Meglio cancellarla o archiviarla come promemoria in futuro? È il caso che io scriva una breve risposta o conviene inoltrarla a qualcun altro?". Nel rispondere alle mail, Tom deve operare delle scelte che riguardano tempo, valori, ripercussioni sociali, possibili scenari futuri alternativi e forse addirittura conseguenze emotive. Nonostante nel grande schema delle cose il singolo messaggio di posta sia irrilevante, esso implica pur sempre una buona dose di processi decisionali.

Tom aveva ragione: se si fosse preso anche solo trenta minuti (trenta minuti *al top*) per buttare giù le idee prima dell'incontro, avrebbe fatto un figurone nel presentare la sua proposta ai vertici dell'azienda. Ma ha commesso l'errore di credere che fosse sufficiente ritagliarsi trenta minuti *qualsiasi* e ora è alle prese con un progetto che richiede processi decisionali creativi, perseveranza e spirito di iniziativa. Sfortunatamente ha trascorso la prima ora e mezza ad affaticare le funzioni esecutive del suo cervello rispondendo a delle mail poco rilevanti ed esaurendo così proprio quelle risorse necessarie a svolgere al meglio l'attività per lui più importante. Per fare un paragone con un pilota di auto da corsa, sarebbe come guidare una supercar nel traffico cittadino per prepararsi alla gara: non proprio la partenza ideale.

Quando Tom finalmente si concentra sulla presentazione, il tempo che dedica a tale scopo è peggio che sprecato. Siccome il suo cervello è sfinito, fa addirittura fatica ad attuare delle decisioni che, all'apice delle proprie energie mentali, avrebbe preso nel giro di pochi minuti. Tom ha esaurito le risorse di autocontrollo, il che lo rende incline a rinunciare alle proprie idee, fino a perdere addirittura fiducia nel progetto. Alla fine, si dirige all'incontro con un senso di insicurezza riguardo alle sue stesse proposte che non ha nulla a che vedere con la carica di energia che sognava la sera prima.

COMPRENDERE IL POTERE DELLE EMOZIONI

In precedenza abbiamo visto quanto sia importante prestare attenzione all'affaticamento mentale nello scegliere le attività da intraprendere, se ci si vuole assicurare un momento di vera produttività. Ma c'è anche un altro metodo per far sì che il nostro cervello sia pronto quando dobbiamo dare il meglio di noi. Una volta compreso il modo in cui le attività da svolgere suscitano emozioni che rendono più facile o più difficile l'esecuzione delle attività stesse e di quelle a seguire, possiamo prepararci un piano di azione. Dato che essere "sul pezzo" al momento giusto è davvero importante, rinunciare alle attività che rischiano di compromettere questo obiettivo è il segreto per decidere di cosa occuparsi.

Potremmo non esserne sempre consapevoli, ma molte delle attività che svolgiamo (che si tratti di rispondere alla mail di un collega o di affrontare una difficile trattativa con un fornitore) suscitano delle emozioni: eccitazione, rabbia, orgoglio, noia, insicurezza, ansia e così via. Le emozioni possono essere deboli o intense, e siccome hanno un forte impatto sul nostro rendimento, sapere in anticipo cosa aspettarsi ci offre una vasta gamma di occasioni per ritagliarci un paio di ore di super produttività.

L'effetto delle emozioni sul nostro rendimento

Il motivo per cui le emozioni esercitano un'influenza straordinaria sulle nostre prestazioni è che hanno un valore adattivo, ovvero hanno la capacità di aiutarci a far fronte e a reagire alle situazioni che ci si presentano davanti. Per esempio, secondo alcune fonti, Beyoncé avrebbe affermato: «[Prima] di salire sul palco sono sempre nervosa. Anzi, mi spavento quando *non* lo sono». Se non è nervosa, ha spiegato, non dà il meglio di sé nell'esibizione[7]. È difficile credere che una persona che sembra così a proprio agio sul palcoscenico si senta in realtà tanto nervosa. Ma è proprio quello stato di ansia che la sprona a esibirsi al meglio. Le emozioni (anche quelle che potremmo ritenere negative, come l'ansia) sono un ottimo strumento per stimolare la nostra mente e mantenere la concentrazione sul compito che ci aspetta.

L'idea che persino le emozioni negative possano favorire l'adattamento alla situazione in cui ci troviamo è in aperta contraddizione con alcune convinzioni comuni. Pensiamo al *quarterback* titolare di una squadra di football americano seduto nello spogliatoio durante l'intervallo. Ha appena deluso la propria squadra nella partita più importante della stagione, facendo un pessimo passaggio che è stato intercettato dalla squadra avversaria e le ha permesso di andare a meta. Dopo aver perso la fiducia in se stesso, il *quarterback* non è più riuscito a mettere in atto un solo schema vincente. È ovvio che le emozioni gli hanno giocato un brutto scherzo.

Il ragazzo, demoralizzato, si alza in piedi e comincia a camminare avanti e indietro nello spogliatoio, finché la frustrazione non prende il sopravvento e il giocatore scaraventa a terra il proprio casco. Le emozioni continuano a non essergli di grande aiuto. Tuttavia, l'allenatore, che intravede l'opportunità, istiga il ragazzo: «Su, forza, arrabbiati!». Dopo un discorso motivazionale di due minuti, il *quarterback* è su tutte le furie, pronto a rientrare in campo per compiere il proprio dovere. «Fammi passare, *coach*!», esclama. «Ora vado là fuori e gliela faccio vedere io!». L'allenatore lo ha aiutato a trasformare la frustrazione in rabbia, e la rabbia lo spinge a tornare in campo concentrato come un cecchino sul proprio obiettivo, pronto a sfoggiare una grande prestazione. La rabbia può essere alquanto adattiva in una partita di football.

Essere arrabbiati o irritarsi ci prepara a compiere un certo tipo di pensieri e azioni. Qui di seguito analizzeremo le emozioni più comuni e i vari modi in cui queste ci spronano ad assumere determinati comportamenti o incarichi. Sia le emozioni positive che quelle negative hanno una loro utilità, ma partiamo da queste ultime, che di solito sorprendono di più.

La rabbia

È curioso che la rabbia sia annoverata tra le emozioni negative, dal momento che favorisce un approccio orientato all'avvicinamento[8], ovvero una propensione a svolgere azioni che ci spingono verso una persona, un oggetto o un'idea.

Di solito, però, quando l'avvicinamento è rivolto a cose positive, la rabbia non svolge alcun ruolo. Se si pensa, ad esempio, a quant'è buono un tartufo al cioccolato fondente, può venire voglia di andare a cercarne uno e mangiarlo. In tal caso si orienta il proprio comportamento verso la ricerca del cioccolato.

Tuttavia, a volte ci dirigiamo verso qualcosa anche se non si tratta necessariamente di un'esperienza piacevole. È in queste occasioni che la rabbia può tornarci utile. Prendiamo il caso della proprietaria di un negozio che sta valutando la possibilità di aumentare i prezzi degli articoli che vende per incrementare i profitti, cosa che desidera ardentemente. Così facendo corre il rischio di incrinare il rapporto di fiducia che ha costruito con i clienti. Il suo timore è che un aumento dei prezzi provochi le proteste dei consumatori, cosa che lei vuole evitare. Ricercare una fonte di rabbia, invece che di paura, può aiutarla a incamminarsi verso il raggiungimento del proprio obiettivo (ovvero l'aumento dei profitti), anche se può darsi che debba comunque affrontare dei momenti spiacevoli, mentre la clientela si abitua ai nuovi prezzi.

Ma come si fa ad arrabbiarsi a comando? Nel mio lavoro di consulente, quando insegno a qualcuno a controllare le proprie emozioni, la maggior parte della gente vuole imparare a trattenere la rabbia, non certo a provocarla. Ma c'è un tempo e un luogo per tutto, anche per le emozioni negative. Un'opzione, per la proprietaria del negozio, è riconoscere i momenti in cui è arrabbiata per qualche altro motivo e sfruttarli per prendere in considerazione dei prezzi alternativi. Un'altra possibilità è rivalutare la propria situazione: ad esempio potrebbe meditare su quanto sia ingiusto che il suo potenziale profitto dipenda dai desideri degli acquirenti che non comprendono il valore dei prodotti che vende.

Quando si ha paura di correre un determinato rischio, benché si sappia che è la cosa giusta da fare, bisogna mettere in conto l'ipotesi di arrabbiarsi un pochino. Come mi spiegò una volta un mio mentore, in certe circostanze la più grande motivazione che può spingere una persona ad accettare una sfida è sentirsi dire, da una qualche autorità, che non ce la farà mai. In preda alla rabbia e all'indignazione, infatti, la persona sfidata si adopererà subito per dimostrare il contrario. (Naturalmente non sto certo invitando chi riveste ruoli di autorità a dire delle cose del genere ai propri dipendenti o assistiti).

La tristezza

La tristezza ha molti effetti sorprendenti. Quando ci sentiamo tristi, tendiamo a essere meno di parte nei processi decisionali, dal momento che, ad esempio, ragioniamo con un po' più di calma e accortezza sulle persone di cui fidarci. Siamo inoltre più inclini ad agire in maniera equa e meno egoistica, propendiamo per un sano scetticismo, che ci aiuta a non essere troppo ingenui, e siamo più portati a sforzarci per rendere persuasivo un messaggio. A quanto pare, tutto sommato la tristezza può rivelarsi una vera risorsa[9], quando abbiamo bisogno di rallentare un po', essere oggettivi e ragionare in modo critico.

Di conseguenza, se si ascolta un discorso promozionale, può essere una buona strategia ripensare a quanto si voleva bene al proprio cagnolino dell'infanzia, che ormai non c'è più. Viceversa, se si è al settimo cielo, meglio evitare di sorbirsi delle chiacchiere pubblicitarie e sfruttare piuttosto l'emozione positiva per dedicarsi ad esempio a un lavoro creativo[10].

L'ansia

Mio padre è uno psichiatra e quando ero adolescente ho avuto la grande fortuna di poter parlare con lui, se mi sentivo nervoso per qualche grande sfida imminente. Lui mi ha spiegato che, da un punto di vista psicologico, l'ansia e la prontezza sono quasi la stessa cosa. L'ansia è il modo che ha l'organismo per mandarci su di giri e metterci in allerta, così da essere pronti a reagire a qualsiasi eventualità.

Ci sono senz'altro dei momenti in cui si ha bisogno di essere vigili e pronti a reagire; ad esempio durante una presentazione, quando si presiede una riunione o durante una telefonata in cui si vuole concludere un affare. Se non si conoscono gli effetti positivi dell'ansia, è ovvio desiderare che scompaia, ma non appena se ne comprendono i benefici, non si può che essere grati a quest'emozione.

La prossima volta che vi sentite nervosi, provate a dire a voi stessi: "No, non sono nervoso. Sono solo all'erta e pronto a reagire".

Alcuni dati scientifici indicano che abbiamo in qualche modo iniziato ad apprezzare il valore dell'ansia, o almeno così si evince dal nostro comportamento. Una serie di studi ha dimostrato che certe persone preferiscono sentirsi in ansia quando devono affrontare un compito impegnativo e, se nervose, tendono a fornire una prestazione migliore[11]. A quanto pare Beyoncé ci ha visto giusto, dal momento che afferma di voler essere un po' nervosa prima di esibirsi sul palcoscenico.

Tutto questo discorso sul valore delle emozioni negative può far pensare che vi stia incitando a stare male; in realtà cerco di fare l'esatto contrario. Come probabilmente ci si aspetta, anche le emozioni positive hanno un forte impatto sul nostro rendimento.

Sentirsi bene favorisce soprattutto le nuove intuizioni[12], la creatività[13], rende meno critici nelle scelte[14] e incoraggia un approccio decisionista[15]. Le sensazioni benefiche, per il fatto stesso di essere percepite come piacevoli, costituiscono già in parte una ricompensa. Inoltre, le emozioni positive tendono a facilitare le collaborazioni, grazie forse alle aspettative favorevoli che suscitano di solito[16]. La ricerca non è sempre chiara nello spiegare con precisione quali emozioni positive sortiscano che tipo di effetto[17], ma ritengo che si possa affermare con una certa sicurezza che sensazioni positive come la felicità, la gioia, il divertimento o il sentirsi bene in generale producono effetti benefici sulle nostre prestazioni.

Se si vuole imparare a lasciar perdere le quisquilie con maggiore facilità e guardare ogni tanto le cose con occhio meno critico, assumere un atteggiamento positivo può aiutare[18]. Quando si ha bisogno di essere creativi, suggerisco prima di tutto di calarsi in uno stato d'animo bendisposto. Se ci si trova nella necessità di prendere delle decisioni alla svelta e non si ha il tempo di riflettere, è bene cercare di affrontare la situazione con un atteggiamento positivo.

Un modo per farlo è rendersi conto se si è di buonumore quando si raggiunge un punto decisionale. Un'altra tattica è influenzare le proprie emozioni. Provate così: chiudete gli occhi e pensate a un'attività che in genere vi rende felici, come guardare il vostro programma preferito, imparare qualcosa di nuovo, fare due chiacchiere con un amico, rilassarvi per qualche minuto con un libro, svolgere un po' di esercizio fisico, mangiare quando avete fame, fantasticare sul sesso o su qualcosa che desiderate, farvi una bella risata. Pensare a cose piacevoli stimola emozioni positive. Naturalmente, anche mettere in pratica ciò che vi rende felici, invece di immaginarlo e basta, dovrebbe aiutare!

COME GESTIRE L'ENERGIA MENTALE

Ora che abbiamo una conoscenza più approfondita del modo in cui il nostro cervello si affatica e di come le emozioni sono in grado di guidarci, possiamo utilizzare questo sapere per assicurarci un paio di ore di super produttività. Le conseguenze dell'energia mentale sulle nostre capacità sono reali e biologiche.

Qui di seguito sono riportati alcuni metodi per gestire l'energia mentale quando si prevede di dover dare il massimo.

Ridurre l'affaticamento mentale

La maggior parte delle attività comporta un affaticamento mentale, almeno per quanto riguarda professionisti e lavoratori della conoscenza. Dopotutto, siamo sempre impegnati in mansioni che implicano processi decisionali e autocontrollo. Il segreto per ridurre l'affaticamento mentale è individuare il lavoro che con maggiore probabilità rischia di esaurire in modo *sostanziale* le nostre risorse e, ove possibile, evitare di occuparsene, se *subito dopo* si vuole dare il meglio di sé.

Helen, ad esempio, in qualità di psicoterapeuta, deve compiere un notevole sforzo mentale per provare compassione nei confronti dei pazienti. Talvolta le riesce molto difficile, soprattutto quando ha a che fare con persone caustiche, ostinatamente autodistruttive, oppure coinvolte in infedeltà coniugali. Eppure, mostrarsi compassionevole facilita il duro lavoro necessario ad affrontare apertamente questi argomenti. Tuttavia, Helen non esercita la professione in un ambiente sottovuoto o avulso da qualsiasi contesto: la sua vita personale la mette spesso alla prova e ogni giorno ha numerosi clienti da visitare.

Poiché mostrare compassione esige una buona dose di autocontrollo, Helen sta molto attenta alle attività mentali che svolge all'infuori delle sessioni con i pazienti e che potrebbero esaurire le sue risorse di autocontrollo. In passato le è capitato di rendersi disponibile in qualsiasi momento della giornata per un parente che stava attraversando un periodo difficile e aveva bisogno di parlare con lei; in questo modo, però, la psicoterapeuta finiva per adoperare gran parte delle sue energie mentali per mostrare compassione nei confronti del familiare, esaurendo le risorse di cui aveva bisogno per svolgere al meglio il proprio lavoro. Così adesso, nonostante Helen continui ad aiutare i propri parenti nei momenti di difficoltà, ha imparato a non farlo subito prima di una sessione con un paziente. Questo semplice accorgimento le ha permesso di garantire un ottimo servizio professionale, per il quale gode di grande stima, ai propri clienti, e continuare a essere di enorme supporto per la propria famiglia.

Ma come si individuano le attività che comportano un affaticamento mentale e impediscono di essere incredibilmente produttivi? Se dopo aver svolto una certa attività vi sentite esausti, ci sono buone probabilità che questa attinga al vostro autocontrollo. La velocità con cui le varie attività prosciugano l'autocontrollo, i processi decisionali e/o le altre funzioni esecutive cambia da persona a persona. Per esempio, un correttore di bozze esperto impiegherà una minima parte delle proprie funzioni esecutive per svolgere una rilettura, dato che procede perlopiù in automatico. Per chi invece è meno pratico, fa molta fatica a restare fermo seduto e tende a dare più importanza al quadro generale rispetto ai dettagli, la correzione di bozze richiederà probabilmente una maggiore quantità di autocontrollo.

Riporto di seguito alcuni esempi di attività piuttosto comuni che possono causare affaticamento mentale:

- passare spesso da un'attività all'altra;
- fare rete e chiacchierare;
- stare seduti immobili per ore;
- fare telefonate a scopo pubblicitario o commerciale;
- individuare degli errori e correggerli;
- pianificare e organizzare dei progetti;
- stare dietro alle scadenze.

Evitare queste attività può sembrare alquanto complesso, dal momento che più prestigioso è il ruolo che si ricopre al lavoro, maggiori sono le probabilità di dover prendere delle decisioni, pianificare dei progetti e collaborare con gli altri per quasi tutto il tempo. Ad ogni modo, è importante ricordare che non dobbiamo sottrarci del tutto a queste attività. Non dobbiamo, infatti, dare il meglio di noi in ogni momento, né del resto saremmo in grado di farlo. Non siamo delle macchine e non possiamo mantenere sempre lo stesso livello professionale a qualsiasi ora del giorno. Ma se stabiliamo in maniera strategica l'*ordine* con cui portare a termine le varie attività presenti in agenda, possiamo ritagliarci due ore al top in cui il nostro cervello non sia troppo affaticato e ottenere così dei risultati straordinari.

Sperate di poter trascorrere due ore a definire una nuova proposta per il vostro dipartimento? Non dedicatevi a questo lavoro subito dopo aver delineato un'altra iniziativa. Dovete scrivere una mail al vostro capo spiegando le ragioni per cui un progetto della massima importanza non è stato ultimato in tempo e chiedendo ulteriori risorse per portarlo a termine? Non vi azzardate neanche ad abbozzare il messaggio se avete già passato un'ora e mezza a leggere e scrivere mail. Il reparto delle risorse umane vuole che compiliate il questionario annuale rivolto ai dipendenti entro la fine della giornata? Se per voi è importante svolgere bene l'incarico, sarebbe meglio non occuparsene alla fine della giornata, quando ci sono forti probabilità che l'affaticamento mentale si faccia sentire di più.

Alcuni dei modi più comuni in cui trascorriamo il tempo quando facciamo una pausa (magari proprio allo scopo di riposare la mente) possono invece affaticarci ancora di più e andrebbero evitati se poco dopo dobbiamo dare il meglio di noi. Per esempio, se si è abituati a guardare spesso il telegiornale o a visitare siti di attualità che riportano l'ultima tragedia o una situazione politica sconvolgente, ci può volere una buona dose di autocontrollo per gestire la reazione istintiva causata da questo genere di notizie. Tra l'altro, è molto facile farsi prendere emotivamente e innervosirsi ad esempio per il recente scandalo che ha coinvolto un noto esponente politico. Di conseguenza, è bene evitare di svolgere queste attività se poco dopo è richiesta una prestazione ottimale.

Ecco quattro consigli che potete provare a mettere in pratica questa settimana al fine di evitare l'affaticamento mentale:

1. La prima cosa da fare al mattino è portare a termine il lavoro più importante della giornata, prima che le energie mentali si esauriscano a causa delle centinaia

di piccole decisioni da prendere ogni giorno. Pensate all'attività più creativa e interessante che avete per le mani in questo momento, o a quella più vantaggiosa a lungo termine, e dedicatele una o due ore la mattina presto. E quando dico presto, intendo proprio presto, ovvero prima di controllare la posta elettronica e dare un'occhiata a qualsiasi altro mezzo di comunicazione, come tv, giornali, smartphone o computer.

2. Passate in rassegna le attività previste in agenda per la giornata e classificatele come "decisioni importanti", "creative" o "altro". Ritagliatevi un po' di tempo nel tardo pomeriggio (o magari dopo pranzo, durante l'abbiocco da cibo) per portare a termine le attività della categoria "altro". Sapere di aver previsto un momento in cui occuparsene riduce le probabilità di essere tentati di svolgere questi incarichi prima del tempo, quando le risorse mentali sono ancora ai massimi livelli.

3. Provate a concedervi soltanto un'ora al pomeriggio per leggere e rispondere alle mail e osservate se questo metodo migliora la vostra capacità di concentrazione sulle attività che richiedono doti di risoluzione dei problemi o creatività durante il resto della giornata. Sono consapevole del fatto che questo consiglio possa incutere timore in alcuni di voi ed è anche vero che in certi giorni non è proprio possibile metterlo in pratica, ma provate a fare un paio di tentativi e potreste rimanere sorpresi nello scoprire che è più fattibile di quanto si creda.

4. Prendete alcune decisioni la sera prima di una giornata importante, in modo da non dover fare tutto il giorno dopo. Possono essere delle inezie (come scegliere cosa indossare o cosa mangiare a colazione e a pranzo), oppure delle questioni rilevanti (come stabilire quali

attività portare a termine il giorno dopo). Organizzate quindi la vostra agenda in base alle questioni rilevanti.

Di seguito sono riportati tre metodi per rigenerarsi in caso di affaticamento o eccessivo carico emotivo, qualora si abbia bisogno di un rapido ristoro:

1. Fare dei respiri lenti e profondi per un po'. Respirare aiuta a cambiare all'istante la propria fisiologia; le sensazioni sono in parte il riflesso di ciò che avviene nella nostra fisiologia, pertanto il respiro può modificare subito quello che si sente quando si provano delle sensazioni[19]. Ad esempio, il battito cardiaco è fortemente legato alla frequenza respiratoria. In generale, più velocemente si respira, più il cuore batte in fretta, mentre più lentamente si respira, più la frequenza delle pulsazioni diminuisce[20]. Ne consegue che rallentare il respiro può davvero aiutare a calmarsi. In questo caso il buonsenso trova conferma.

2. Farsi una bella risata. È stato dimostrato che un atteggiamento positivo aiuta a ricaricarci quando siamo mentalmente affaticati[21].

3. Schiacciare un breve pisolino (e intendo davvero breve). I ricercatori della Flinders University, in Australia, hanno scoperto che un pisolino di dieci minuti consente di ridurre l'affaticamento e migliorare lo stato di allerta, insieme a molte altre attività cognitive; inoltre, questi benefici si protraggono per circa due ore e mezza. Benché un pisolino di venti o trenta minuti sia comunque rigenerante, lo è per certi versi meno di uno da dieci minuti, perché ci vuole più tempo per tornare vigili e iniziare a trarne giovamento, e comunque i vantaggi non si estendono oltre le due ore e mezza[22].

Prevedere le emozioni suscitate da certe attività

Se un cretino vi taglia la strada mentre vi recate al lavoro in auto, vi arrabbiate? Vostro marito o vostra moglie si innervosisce quando lasciate i piatti in giro? Il vostro capo tende a diventare ansioso prima di un evento importante e stressa tutti i membri del team? Avete un amico a cui piace guardare i video di gatti che fanno qualcosa di tenero? Siamo tutti in grado di riconoscere i vari inneschi emotivi delle persone. Non possiamo prevedere il giorno preciso in cui l'innesco si manifesterà, ma se questo accade, è molto probabile che sappiamo già quale emozione susciterà. In questo senso le emozioni sono prevedibili. E se si sa in anticipo quali emozioni aspettarsi, si possono programmare due ore di super produttività in base a quelle.

Dando un'occhiata alla vostra agenda, immagino che abbiate un'idea di massima di quello che potrebbe accadere, dal punto di vista emotivo, nell'arco della vostra giornata, il che probabilmente non richiede nemmeno un profondo lavoro introspettivo. Ad esempio, se è in programma una presentazione e in genere vi vergognate a parlare in pubblico, c'è da aspettarsi che proverete ansia. Se è prevista una lunga riunione che vi impedirà di rispettare una consegna, aspettatevi di provare inquietudine o frustrazione. Avete un colloquio imminente sul vostro rendimento lavorativo e l'idea non vi entusiasma? Preparatevi a sentirvi intimoriti e forse anche insicuri. Qualsiasi emozione suscitata da questi eventi o attività rischia di accompagnarvi anche per un paio di ore, esaurendo del tutto la vostra energia mentale.

Concludo con una nota positiva: se la prossima settimana prevedete di occuparvi di un progetto insieme a un amico, sappiate che il tempo trascorso in piacevole compagnia vi trasmetterà una sensazione di benessere e migliorerà il vostro stato d'animo. Pertanto, dopo aver lavorato con il vostro amico, quando le emozioni positive sono alle stelle, fate in modo di dedicarvi a un'attività che richieda doti creative e capacità di risoluzione dei problemi.

Allenare l'incompetenza strategica

Finora vi ho spronato a ritagliarvi un paio di ore al top per occuparvi della parte più importante del vostro lavoro e riservare i momenti più improduttivi a tutto il resto. Ma ci sono anche delle giornate in cui è bene scegliere di non portare affatto a termine alcune attività presenti in agenda. A volte è proprio meglio lasciar perdere certi impegni, così da essere pronti quando conta davvero e dedicare due ore al top a qualcosa di potenzialmente utile a procurarci dell'altro lavoro o un avanzamento di carriera nel lungo periodo, piuttosto che rinunciare a una super produttività per cercare di fare tutto quello che abbiamo elencato in agenda.

Per come la vedo io, per molti la difficoltà maggiore nel seguire questo consiglio consiste nel fatto che c'è un motivo ben preciso per cui le nostre agende sono strapiene, senza contare che c'è spesso un'altra persona a cui preme che ogni singola voce dell'elenco venga portata a termine. In quanto persone premurose e responsabili, ci teniamo a non deludere gli altri e a dimostrare la nostra competenza. Il problema è che non si tratta soltanto di stabilire delle priorità o sapere cosa sia più importante; quando bisogna scegliere tra le varie priorità, infatti, ci sono sempre dei validi motivi per cercare di fare tutto e ci sono sempre delle conseguenze se si decide di non farlo. Eppure, possiamo decidere di perdere la battaglia per vincere la guerra.

Una volta, parlando con un promettente e ormai affermato dirigente di azienda, ho definito scherzosamente quest'approccio "incompetenza strategica", per rendere la sensazione di fallimento che entrambi avevamo ben presente quando lasciavamo perdere alcune cose. Lì per lì ci siamo messi a ridere, ma mettere a fuoco quel concetto lo ha aiutato a considerare il lasciar perdere le cose come una scelta strategica, invece che un problema. Tutto questo non riguarda soltanto lo stabilire delle priorità, ma il diventare capaci di prendere delle decisioni che potrebbero non piacere agli altri o che noi stessi preferiremmo non dover prendere.

Forse "incompetenza" è una parola troppo forte, ma la uso apposta per trasmettere la sensazione fin troppo comune secondo la quale quando prendiamo in considerazione l'idea di lasciar perdere qualcosa, ci sembra di essere o apparire incompetenti. Ci vuole davvero un po' di disciplina, soprattutto all'inizio, ma in fondo siamo esseri umani e dobbiamo lavorare con l'energia mentale che abbiamo a disposizione.

Vale quindi la pena selezionare i momenti di massima resa e sacrificare liberamente le varie attività in base a quelli. Per sfruttare a proprio vantaggio l'energia mentale, è meglio svolgere in modo ottimale poche cose davvero importanti, piuttosto che fare tutto moderatamente bene.

Ci sono dei compiti, nella vostra agenda, per i quali vorrete senz'altro essere al top e altri che svolgerete per senso del dovere, paura di finire nei guai o altri motivi che non hanno nulla a che vedere con le vostre priorità. State attenti a dire di sì a qualsiasi incarico elencato in quella lista: sforzarsi di fare tutto prosciugherà l'energia mentale di cui avete bisogno per portare a termine quello che conta di più. Oltretutto, le persone cominceranno a fare affidamento su di voi per quegli incarichi e si potrebbe instaurare un circolo vizioso che rende sempre più difficile rifiutare o ignorare le richieste successive.

Si può lavorare tutto il giorno al 50% delle proprie capacità e dedicarsi a rispondere alle mail, tenersi aggiornati sulle ultime novità, presenziare ad ogni riunione a cui viene chiesto di partecipare, preparare delle presentazioni e così via, oppure, in un giorno cruciale, si può ignorare uno di questi compiti e dare il 100% per portare a termine il lavoro che conta di più. A quanto ho potuto constatare, una volta toccata con mano l'importanza di riservare la giusta energia mentale per il lavoro giusto, le persone trovano più semplice continuare a operare questa scelta anche in seguito.

Selezionare i momenti di massima resa può sembrare un azzardo ed è forse una delle operazioni più complesse di cui parlo in questo libro, ma ne vale la pena, perché dedicare la giusta energia mentale alla giusta attività può fare la differenza tra una super produttività e un risultato deludente.

SFRUTTARE AL MEGLIO L'EFFICACIA

Torniamo al giorno in cui Tom deve tenere la presentazione e ricominciamo tutto daccapo, per vedere come avrebbe potuto organizzare meglio le attività se avesse previsto gli effetti dell'affaticamento mentale e delle emozioni sulla propria produttività.

La sera prima, dopo essersi entusiasmato per le tante idee brillanti che gli sono venute, riesce finalmente ad addormentarsi. L'indomani, una volta giunto in ufficio, decide di dare un'occhiata alla posta elettronica; visto che non la controlla dalle 14:00 del giorno precedente, vuole assicurarsi di non essersi perso qualche messaggio importante. Tuttavia, è consapevole di non aver dormito molto e di non essere fresco e riposato, e sa che il fatto di leggere e rispondere alle mail richiede una miriade di piccole decisioni che rischiano di prosciugare quel poco di energia mentale che ha a disposizione.

Pertanto, si concede solo trenta minuti per effettuare una ricerca mirata tra le mail, nel tentativo di individuare solo i messaggi davvero urgenti, e imposta persino la sveglia sul computer. È deciso a trovare almeno una questione che lo stuzzichi emotivamente, come ad esempio un'emergenza da risolvere o il messaggio di qualcuno che di solito lo irrita. Le emozioni provocate da questo genere di mail influiranno sul suo rendimento anche per quanto riguarda l'attività successiva. Così, dopo trenta minuti si ferma. La smania di continuare a rispondere alle mail è indescrivibile: da quando si è seduto alla scrivania, infatti, sono arrivati molti altri messaggi, ma Tom ricorda a se stesso che deve preservare le proprie energie mentali per l'attività più importante della giornata: finire di prepararsi per la presentazione.

Il suo cervello è già affaticato, cosa di cui si rende conto solo dopo essersi alzato in piedi ed essersi allontanato dal computer. Ha bisogno di svuotare la mente, per cui fa qualche respiro profondo e va a prendere un caffè nel suo bar preferito, a un isolato di distanza dall'ufficio. Resta fuori solo cinque o dieci minuti, ma quel po' di moto e il cambio di scenario lo aiutano molto. Adesso sì che è in forma smagliante ed è pronto per un'ora di super produttività. Si siede alla scrivania e, senza degnare di uno sguardo alcun mezzo di comunicazione, comincia subito a esaminare tutte le idee che gli sono venute in mente la sera prima, decide quali presentare e poi elabora un modo creativo per collegare tra loro i vari elementi, dando vita a quella che Tom comincia a percepire come una presentazione davvero vincente.

La giornata tipo di un direttore marketing come lui richiede molte competenze, tra cui una buona dose di creatività nei processi decisionali (per elaborare, ad esempio, una nuova proposta di progetto), una certa abilità nel gestire le emozioni (per essere in grado, tra le altre cose, di mantenere la calma quando si riceve o si dà un feedback impegnativo) e un'ottima capacità di analisi (che consente, ad esempio, di tenere presente i nuovi limiti di budget e valutare le eventuali conseguenze per il proprio team). Solo Tom sa quali di queste attività lo galvanizzano, quali lo sfiniscono e quali possono avere delle conseguenze emotive su di lui. Solo Tom sa quali contano davvero e quali sono frutto di obblighi imposti dal lavoro.

Proprio come Tom, possiamo stabilire le nostre priorità e identificare le situazioni sociali che suscitano in noi le emozioni più intense. È giunta l'ora di utilizzare queste informazioni, le quali, unite a una comprensione profonda dei meccanismi di affaticamento del nostro cervello e del modo in cui le emozioni possono sviarci o aiutarci, costituiscono la chiave per aggiudicarsi un paio di ore di super produttività.

La prossima volta che vi troverete dinnanzi a un punto decisionale, liberi di intraprendere un nuovo incarico, guardatevi alle spalle: a quali attività vi siete appena dedicati? Il vostro cervello è sfinito a furia di prendere decisioni? Cosa provate in questo preciso momento e in che modo questa sensazione potrà influenzare l'attività a seguire? Infine, la prossima volta che pianificate i vostri impegni, prestate attenzione a quello che pensate di fare subito prima e subito dopo l'attività più importante. Avete previsto di occuparvi di un compito cruciale in un momento in cui è altamente probabile che abbiate esaurito la vostra energia mentale? O siete invece orientati al successo? Se volete preservare le vostre risorse per qualcosa di davvero fondamentale, è bene che lasciate strategicamente perdere qualcos'altro.

La gestione dell'energia mentale fornisce un approccio scientifico per la pianificazione e l'organizzazione delle attività, in modo tale da sfruttare al meglio la propria efficacia, a prescindere dal tempo che si ha a disposizione.

Smettere di resistere alle distrazioni

Adesso siete in grado di riconoscere i punti decisionali che vi si presentano davanti nell'arco della giornata e questo è già un ottimo risultato. Come potete immaginare, scegliere con oculatezza l'attività successiva da svolgere, in base alle risorse mentali ed emotive residue, vi pone sulla buona strada per assicurarvi un momento di super produttività. Il passo seguente è rendere questo momento il più efficace possibile. In altre parole, bisogna imparare a concentrarsi per un periodo di tempo prolungato.

Restare concentrati non è facile. Diamo un'occhiata a una tipica giornata lavorativa per esaminare insieme alcune sfide comuni.

Amanda, *web architect* libera professionista, specializzata in progettazione dell'esperienza utente, alle 10:00 del mattino è già frustrata. Ha passato la prima parte della giornata a emettere fatture per i clienti, tra cui una per un grosso committente che non le ha ancora pagato il lavoro. Ora, irritata per aver trascorso due ore a compilare scartoffie, si dedica finalmente alle vere priorità della giornata: le consegne che ha promesso a tre diverse aziende.

Osserva l'orologio e si rende conto che ne dovrà posticipare almeno una: non c'è tempo per portare a termine tutti e tre i progetti. Su quali dovrebbe concentrarsi e quale dovrebbe rimandare? Arrabbiata con se stessa per non aver ancora concluso nulla quella mattina, comincia a lavorare a caso su uno dei progetti;

ha già tirato fuori gli appunti, perciò, senza realmente scegliere, pensa di procedere con quello, tanto uno vale l'altro.

Ma, a quanto pare, non riesce a mettere da parte il nervoso per il processo di fatturazione (che odia) e la rabbia che prova verso il cliente insolvente. Continua infatti a rimuginare sulle stesse cose e ha bisogno di rileggere gli appunti a più riprese, perché ogni volta che arriva in fondo si rende conto di essersi persa nei pensieri. Si ripromette di restare concentrata.

Dopo dieci o quindici minuti, nonostante una partenza stentata, prende il ritmo e comincia a fare progressi. Poi un'ambulanza sfreccia per strada a sirene spiegate e la risveglia dallo stato di trance. La sua mente vola subito all'ospedale lì vicino, dov'è stata ricoverata l'anno precedente dopo essersi rotta una gamba, e da lì ripensa alle centinaia di volte in cui ha salito le scale dell'ufficio con il gesso. È così contenta di non doverlo più fare. Questo le ricorda che sua madre, poverina, fa ormai molta fatica a camminare in generale e Amanda vorrebbe evitare quel futuro, quando invecchierà. Dovrebbe proprio fare un po' di esercizio fisico, oppure yoga, pensa... ma come fa a trovare il tempo per andare in palestra o al centro yoga con tutti quei progetti per le mani?

"Ma che stai facendo, Amanda?!", si sgrida da sola. "Che ti prende? Concentrati!".

Dieci minuti più tardi riprende a lavorare al progetto, ma dopo soli cinque minuti il socio entra nel suo ufficio per porle una "domandina veloce". Ovviamente non è per niente veloce, e mentre il collega le si pianta in ufficio a esporle il suo problema per venti minuti buoni, alla ragazza si aggroviglia lo stomaco pensando al tempo prezioso che scivola via.

Per tutto il resto della giornata Amanda si sforza di restare lì con la testa. Ogni volta che si accorge di essersi distratta per la notifica di una mail in arrivo (che apre subito), una telefonata (alla quale risponde senza batter ciglio) o un paio di visite al suo sito di gossip preferito, si rimprovera da sola e si impone di restare concentrata sul progetto finché il lavoro non sarà ultimato. Alla fine della giornata è riuscita a portare a termine soltanto una delle tre consegne ed è pertanto costretta a investire altri minuti preziosi al telefono con i due clienti ai quali non potrà inviare il materiale come da accordi, dovendo così gestire le loro aspettative e guadagnare tempo.

Amanda ha talento ed è molto brava nel proprio lavoro, ma sente di non essere riuscita a far compiere un salto di qualità alla propria carriera. Se solo potesse attirare dei nuovi clienti e incrementare le commesse, in modo da permettersi di assumere qualcuno per gestire la parte amministrativa (come la fatturazione, ad esempio) che le porta via tanto tempo. È convinta che le serva più disciplina per resistere all'istinto di sprecare il proprio tempo, dopodiché sarà in grado di darci dentro con il lavoro e non farsi più distrarre. In pratica, pretende da se stessa più forza di volontà per restare concentrata, ma sono anni, ormai, che adotta questa tattica e non ha ancora funzionato.

Come vedremo, c'è una ragione ben precisa per questo. Ma se la forza di volontà non è sufficiente ad aiutare Amanda a restare concentrata, cosa può darle una mano?

Benché la capacità di tenere viva l'attenzione su una certa attività sia cruciale per ottenere dei buoni risultati, restare concentrati (ovvero essere in grado di mantenere l'attenzione senza distrarsi) è un compito estremamente arduo. Il motivo è che il nostro cervello è costruito proprio per rispondere alle distrazioni e i nostri ambienti di lavoro non sono mai stati così pieni di tentazioni come quelli odierni: uffici condivisi, riunioni, computer, smartphone, tablet, valanghe di mail, per non parlare di Internet e dell'accesso ai social network attraverso i dispositivi mobili; tutti questi elementi fanno a gara tra loro per attirare la nostra attenzione.

Per restare concentrati sull'obiettivo dobbiamo acquisire due capacità. La prima è scontata: imparare a eliminare le fonti di distrazione; tra l'altro, capire meglio come funziona l'attenzione può aiutarci a prendere più seriamente quest'aspetto. La seconda è paradossale. Di tutte le strategie per aumentare la produttività che propongo in questo libro, questa è forse la più contraddittoria. Dobbiamo lasciar vagare la mente. Proprio così: bisogna allentare la presa ferrea sull'attenzione.

Prima di capire come procedere in questo senso, sfatiamo la teoria secondo la quale per restare concentrati su un obiettivo, non serve altro che la forza di volontà.

IL MITO DELL'ATTENZIONE SOSTENUTA

Se fate fatica a mantenere l'attenzione su una certa attività per un lungo periodo di tempo, non siete i soli. Di fatto, il cervello non è concepito per restare concentrato in modo indefinito su qualcosa, ma è progettato per saltare qua e là da un elemento a un altro. Perché? Dal punto di vista evolutivo è difficile immaginare come saremmo sopravvissuti altrimenti. Essere in grado di avvertire la presenza di persone o animali in avvicinamento, oggetti volanti e così via è chiaramente una strategia di sopravvivenza, dal momento che restare concentrati su un'unica cosa senza prestare attenzione ai potenziali pericoli ci avrebbe resi piuttosto vulnerabili.

Saltare qua e là da un elemento a un altro è anche un modo ingegnoso per scandagliare in maniera efficace l'ambiente che ci circonda, per individuare quello che stiamo cercando (per esempio, dei cartelli stradali che indicano che siamo sulla strada giusta verso casa quando ci ritroviamo a camminare in un quartiere malfamato nel cuore della notte) e soprattutto per accorgerci di quello che *cambia* intorno a noi: qualcosa di nuovo, che non abbiamo mai visto né sperimentato prima, oppure qualcosa che contravviene alle nostre aspettative (se, ad esempio, mentre guidiamo un'auto ci taglia la strada all'improvviso per svoltare a sinistra, nonostante abbia la freccia a destra). Certe aree del nostro cervello sono preposte a spostare l'attenzione, a sganciarsi e riadattarsi a un ambiente in continua evoluzione[1]. Ad esempio, se stiamo leggendo il menù in un ristorante e sentiamo il cameriere che si avvicina per prendere le ordinazioni, è necessario distogliere la nostra attenzione dal menù e indirizzarla verso il cameriere per fargli sapere cosa vorremmo ordinare. Questa capacità di distogliere l'attenzione e reindirizzarla è adattiva e flessibile ogniqualvolta ci serva spostare la concentrazione su qualcos'altro.

Se da un lato il cervello salta qua e là da un elemento a quello successivo, dall'altro tende ad abituarsi agli stimoli che non cambiano (come, ad esempio, la lunga relazione che state leggendo) e comincia a ignorarli. Il cervello si è imbattuto per la prima volta in quella relazione venti minuti fa, mentre stava saltando qua e là tra gli elementi intorno a voi, ed è stato molto felice della scoperta: "Oh, qualcosa di nuovo. Ora mi ci concentro!". Ma poiché il cervello ha continuato a saltare da un punto a un altro, la relazione ha perso il fascino della novità; era lì davanti a voi venti minuti fa, così come lo era cinque secondi fa. Pertanto, ben presto il cervello si è in un certo senso assuefatto a vedere la relazione ferma lì, sotto i vostri occhi[2], e ha iniziato a ignorarla e a concentrarsi su altri fattori, soprattutto cose nuove o diverse, sia esterne (un rumore forte proveniente da fuori l'ufficio) o interne (un ricordo o un progetto futuro che vi è appena venuto in mente).

In breve, sembra che i nostri sistemi di attenzione siano stati progettati per scandagliare l'ambiente circostante, individuare elementi inusuali, reagire all'inaspettato, stare dietro ai *cambiamenti* che si verificano intorno a noi e scovare le novità; in altre parole, puntare dritto alle distrazioni. Non sembrano certo fatti per essere attratti sempre dalla stessa cosa, o per tenere alla larga i diversivi. Di conseguenza, sarebbe del tutto innaturale restare concentrati senza mai la minima esitazione. Se non siete riusciti a mantenere alta e costante l'attenzione nell'arco dell'intera sessione di lavoro, dovete esserne contenti. In caso contrario, sareste decisamente "funzionali"[3].

Anzi, è così innaturale restare concentrati senza tentennamenti che quando ci proviamo, ci si ritorce contro. Molte persone, frustrate per la loro incapacità di tenere viva l'attenzione su una certa attività, provano a cambiare le abitudini attentive facendo ricorso alla forza di volontà per non cedere alle distrazioni. Amanda non avrebbe mai urlato a un collega: «Ehi, tu! Concentrati!». Un po' come un allenatore di baseball non griderebbe mai a un giocatore che sta effettuando un lancio: «Stai lì con la testa!». Eppure, con noi stessi adottiamo in continuazione quest'approccio. Ci rimproveriamo e siamo sempre più frustrati ogni volta che cediamo a una distrazione. Diciamo a noi stessi (spesso in tono minaccioso): "Non azzardarti a leggere la rubrica dei pettegolezzi", "Non pensare alla squadra di fantacalcio", "Non fantasticare sull'ultimo gadget tecnologico che ti vuoi comprare".

Tuttavia, studi scientifici dimostrano che assumere un simile comportamento è il modo ideale per restare *ancorati* a una distrazione. È emerso da alcune ricerche che quando alle persone viene chiesto di non pensare a determinate cose, aumentano le probabilità che la gente pensi proprio a quelle. Provate a *non* pensare a un orso polare e vedrete. Riuscite a *non* pensarci? O non potete pensare ad *altro*[4]?

Il cervello è costituito da reti associative di neuroni. Vale a dire che ciascun neurone è collegato a molti altri e ogni volta che viene stimolato a sufficienza, eccita o inibisce gli altri neuroni a cui è connesso; tale "attivazione" si diffonde attraverso la rete neurale[5]. Ad esempio, se si pensa alle parole "orso polare", si attiva una rete di neuroni che molto probabilmente susciterà immagini di orsi, reminiscenze di pubblicità della Coca-Cola®

e ricordi d'infanzia legati agli zoo, sentimenti di tristezza per una specie adorabile in via di estinzione e così via. La parte razionale del vostro cervello ha recepito il divieto all'interno della proposizione "non pensare a un orso polare", ma una volta attivata la rete, il gioco è fatto.

Dal momento che il lavoro richiede concentrazione, ma il nostro cervello è progettato per essere distratto, una delle tattiche migliori per svolgere efficacemente il proprio dovere è eliminare tutte le fonti di distrazione di cui ci attorniamo da soli in maniera gratuita e inopportuna.

NON DISSEMINARE FONTI DI DISTRAZIONE NEL PROPRIO AMBIENTE DI LAVORO

Alla pari di Amanda, la maggior parte di noi si aspetta, da un lato, di avere la forza di restare concentrato per ore e ore e, dall'altro, si colpevolizza quando, quasi sempre, non riesce nell'intento. Ma come abbiamo detto poco fa, il nostro cervello è una macchina a caccia di distrazioni, il che rende piuttosto difficile concentrarsi sullo stesso compito per lunghi periodi di tempo[6].

Cosa possiamo fare, allora, per facilitare la concentrazione? Eliminare le fonti di distrazione più prevedibili.

Rimuovere i diversivi per favorire la concentrazione può sembrare un consiglio incredibilmente ovvio, e in effetti lo è. Quasi ogni libro o blog sulla produttività raccomanda l'adozione di quest'accorgimento, senza contare che si tratta anche solo di semplice buonsenso. È logico che riusciate a concentrarvi di più se i colleghi non si fermano ogni cinque minuti a salutare o chiedervi un parere. Eppure, se lavorate in un ufficio, sapete benissimo che la maggior parte della gente fa molto poco per eliminare davvero le distrazioni dal proprio ambiente lavorativo. Anzi, a dirla tutta, gli strumenti di lavoro di cui ci avvaliamo (computer, telefoni, tablet) sono una fonte di disturbo incredibile per il tipo di mansioni che la maggior parte dei professionisti – soprattutto i lavoratori della conoscenza – deve svolgere, ovvero: pensare in maniera creativa, operare scelte complesse, pianificare e coordinare varie attività.

Questi dispositivi agevolano la comunicazione con gli altri, ci consentono di restare in contatto con gli amici, ci permettono di condividere foto con i nostri cari, ci tengono aggiornati, ci intrattengono e, in un certo senso, ci facilitano la vita. Per forza li adoriamo. Eppure, assecondano anche il bisogno naturale del cervello di spostare spesso l'attenzione da una cosa all'altra, ci obbligano a monitorare di continuo le mail in arrivo, gli SMS, le chiamate e le notifiche di stato, offrono innumerevoli occasioni per restare invischiati in una qualche attività, che sia leggere le notizie, fare dei giochi o trastullarsi con le app, contribuiscono ad affaticare la nostra mente aumentando il numero di decisioni che siamo costretti a prendere, man mano che rispondiamo a mail e SMS, ben oltre la fine della giornata lavorativa, e offrono infine numerose possibilità di sviluppare una reazione emotiva, ad esempio alla mail arrabbiata di qualcuno, a una triste storia su Facebook o a una notizia irritante relativa all'ultimo scandalo politico.

In breve, questi dispositivi rendono davvero molto difficile acquisire la forma mentale necessaria per elaborare idee valide e svolgere un ottimo lavoro.

Immaginate che qualcuno vi piazzi delle trappole in giro per l'ufficio e metta ad esempio un secchio di acqua in equilibrio precario sulla porta, così che si rovesci e vi inzuppi non appena entrate, oppure una manciata di puntine da disegno o un cuscino petofono sulla vostra sedia. È più o meno quello che fate a voi stessi quando impostate i dispositivi e allestite i luoghi di lavoro in modo che le distrazioni vi piombino addosso in continuazione. Vi siete creati un ambiente lavorativo disseminato non tanto di secchi di acqua e puntine da disegno, bensì di telefoni, schermi, siti web, porte aperte ecc.

Un ottimo punto di partenza per incrementare la vostra attenzione è ridurre i rumori circostanti e spegnere il maggior numero possibile di dispositivi. Non c'è bisogno di diventare degli eremiti o far perdere le proprie tracce. Basta riuscire a non farsi distrarre per almeno venti minuti consecutivi. Chiudete l'applicazione di posta elettronica e disattivate tutte le notifiche (non illudetevi di poter ignorare un avviso di mail in arrivo, una volta comparso: il vostro cervello non ve lo permetterà). Chiudete la porta dell'ufficio, oppure, se lavorate in un *open space*, indossate degli auricolari antirumore; inoltrate le chiamate alla segreteria telefonica, mettete via i dispositivi o allontanateli di almeno qualche metro: fate in modo che vi riesca difficile raggiungere lo smartphone o il tablet "solo per controllare se è arrivata quella mail". Se state lavorando in riunione con altri colleghi, una volta finito di prendere appunti abbassate lo schermo del portatile, così che non vi distragga dalla conversazione. Oppure, meglio ancora, affidatevi a carta e penna.

Alcuni studiosi hanno scoperto che esistono delle tecniche per allenare il cervello a tenere viva l'attenzione in maniera più efficace. Non è detto che si tratti di un metodo adatto a tutti, ma se lo ritenete opportuno, praticare la meditazione può aiutare. Un gruppo di ricercatori della University of London ha somministrato un test di attenzione sostenuta a un campione di esperti di meditazione e a uno di non avvezzi alla meditazione. In questo genere di test, le persone devono prestare attenzione per un certo periodo di tempo per ottenere dei risultati soddisfacenti. Nel caso specifico, i partecipanti allo studio dovevano ascoltare una sequenza di segnali acustici e scrivere quanti ne sentivano all'interno di ciascuna serie. Commettere meno errori significava maggiore concentrazione. Potete immaginare quanto fosse noiosa l'attività e, di conseguenza, quanta attenzione sostenuta fosse necessaria, il che fa dello studio un buon test diagnostico. Le persone abituate a meditare hanno dimostrato di avere una maggiore attenzione sostenuta rispetto a quelle che non meditavano e i più esperti di meditazione hanno conseguito i risultati migliori[7].

Che si scelga o meno di potenziare l'attenzione sostenuta attraverso tecniche di meditazione, eliminare semplicemente le distrazioni prevedibili consente di aumentare le possibilità di beneficiare di ampi periodi di tempo per svolgere al meglio una parte del proprio lavoro. Ma benché si possa favorire il mantenimento della concentrazione rimuovendo dall'ambiente lavorativo le fonti di distrazione più prevedibili, non è certo possibile evitarle tutte quante. Potete ad esempio disattivare la suoneria del telefono, ma non potete impedire che un camion dei vigili del fuoco sfrecci a sirene spiegate davanti alla finestra del vostro ufficio.

Cosa si può fare, allora, per continuare a essere produttivi quando ci si distrae? La risposta potrebbe stupirvi.

LASCIAR VAGARE LA MENTE

Sin da bambini ci insegnano a credere nel potere dell'attenzione sostenuta. Ci inculcano in testa l'idea che un bravo studente è sempre attento in classe, sta zitto se non interpellato ed è svelto nel seguire le consegne quando si affronta un nuovo argomento. Non ci incoraggiano certo a sviluppare la capacità di sognare a occhi aperti. Scommetto che non avete mai visto una pagella con un commento del tipo: "Non fantastica abbastanza".

Da adulti, quando, al posto di riflettere sull'incarico da svolgere, la mente comincia a vagare e ci ritroviamo assorti in mille pensieri (per cui fantastichiamo, ad esempio, sulla partita che si disputerà questo fine settimana, su quello che accadrà nel nostro *reality show* preferito, oppure ci sforziamo di ricordare se abbiamo lasciato la mancia al cameriere a pranzo), ci viene da chiedere scusa. Se la mente va spesso a zonzo, lo consideriamo un difetto da tenere sotto controllo, qualcosa di cui vergognarci. Tuttavia, studi scientifici suggeriscono che la divagazione mentale potrebbe non essere un difetto, dopotutto; anzi, potrebbe addirittura comportare notevoli benefici per quanto riguarda lo svolgimento di quel genere di attività che sono tra le più impegnative per i professionisti, dal punto di vista cognitivo, come ad esempio la risoluzione creativa dei problemi e la pianificazione a lungo termine[8].

I benefici della divagazione mentale

La creatività nella risoluzione dei problemi non è un'esigenza solo per coloro che operano in ambito creativo, come Amanda, la nostra *web designer*. A prescindere da come ci guadagniamo da vivere, noi tutti dobbiamo fare i conti ogni giorno con questioni e problemi che non avevamo ancora incontrato e per i quali abbiamo bisogno di trovare soluzioni *ad hoc*. Da un pediatra che cerca di stabilire la terapia migliore e più sicura per un caso clinico complesso, a un manager che deve definire un processo per i membri del proprio team (tutti residenti in Paesi diversi) così che possano comunicare tra loro in maniera efficace, i professionisti di qualsiasi industria si ritrovano ad affrontare compiti complessi che richiedono soluzioni creative.

Molti di noi ritengono che il modo migliore per gestire un problema che richiede una soluzione creativa sia restare concentrati senza sosta sull'obiettivo. Ma un gruppo di ricercatori della University of California di Santa Barbara ha scoperto che le cose potrebbero stare diversamente.

In uno studio condotto nel 2012, il team di ricerca ha somministrato a 145 partecipanti il cosiddetto "test sugli usi alternativi", che per decenni è stato utilizzato con successo per misurare il livello di creatività nella risoluzione dei problemi. Il test consiste nel mostrare ai partecipanti un oggetto di uso comune, come una bottiglia, per poi chiedere loro di elencare, entro un certo limite di tempo, quanti più usi disparati vengono in mente per quell'oggetto. In seguito, a ciascun partecipante viene assegnato un punteggio in base all'originalità delle risposte[9].

Tutti coloro che hanno aderito allo studio, all'inizio hanno svolto due test sugli usi alternativi, dopodiché a tre gruppi su quattro è stato concesso un "intervallo" di dodici minuti. Durante la pausa ai membri di un gruppo è stato chiesto di dedicarsi a un'attività che richiedesse un certo sforzo cognitivo, nonché l'uso della memoria di lavoro. Al secondo gruppo è stato assegnato un compito più semplice dal punto di vista cognitivo, atto a stimolare la divagazione mentale. Al terzo gruppo è stato chiesto di riposare e non fare nulla durante la pausa, mentre al quarto e ultimo gruppo non è stata concessa alcuna interruzione.

Subito dopo l'intervallo di dodici minuti, ai primi tre gruppi è stato somministrato un questionario in cui si chiedeva ai partecipanti di valutare con quale frequenza si fossero concentrati su pensieri non correlati alle attività assegnate loro (per esempio quanto spesso avessero rimuginato su una loro preoccupazione). In questo modo i ricercatori hanno potuto constatare l'effettiva occorrenza di una certa divagazione mentale, come avevano previsto. In seguito, ai partecipanti di ciascun gruppo è stato chiesto di svolgere altri quattro test sugli usi alternativi, due dei quali erano uguali identici a quelli effettuati prima dell'intervallo di dodici minuti, mentre gli altri due erano del tutto inediti.

Come previsto, gli studiosi hanno scoperto che i membri del secondo gruppo, a cui era stato chiesto di svolgere un semplice compito cognitivo tra una serie di test e l'altra, hanno vagato molto di più con la mente rispetto a quelli del primo gruppo, ai quali era assegnato un incarico più impegnativo in termini di memoria di lavoro. E di fatto, come da copione, i partecipanti del secondo gruppo, le cui menti hanno divagato di più, sono stati gli unici a ottenere un risultato migliore nei due test sugli usi alternativi identici a quelli sottoposti prima dell'intervallo.

In altre parole, i partecipanti che hanno vagato di più con la mente si sono dimostrati più creativi nella serie ripetuta di test sugli usi alternativi; avendo avuto un po' di tempo per rimuginarci sopra, se ne sono usciti con delle soluzioni più originali.

Gli altri tre gruppi (quello a cui è stato affidato un compito cognitivo più laborioso, quello che è rimasto con le mani in mano e quello a cui non sono state concesse pause) non hanno dimostrato alcun miglioramento nella serie ripetuta di test.

Vale però la pena sottolineare che in nessuno dei quattro gruppi, incluso quello in cui la divagazione mentale è stata maggiore, si è registrato alcun miglioramento nei test sugli usi alternativi *inediti*. Questa scoperta ha condotto i ricercatori a concludere che, mentre la divagazione mentale non ha reso i partecipanti più creativi in generale, li ha comunque aiutati a risolvere in maniera creativa i problemi sui quali avevano già lavorato prima di iniziare a vagare con la mente.

Lo studio, pertanto, suggerisce che, se si vuole risolvere una questione particolarmente complessa, lasciare il pensiero libero di girovagare e dedicarsi a un'attività parallela e poco impegnativa dal punto di vista cognitivo può aiutare a trovare delle soluzioni creative al problema. Il gruppo di ricerca della UC Santa Barbara ha addirittura dimostrato che la gente che nella vita di tutti i giorni sogna spesso a occhi aperti è in genere più creativa.

Di conseguenza, la prossima volta che vi ritrovate a viaggiare con la mente, allontanandovi da una sfida complessa o un problema che state cercando di risolvere in maniera creativa, invece di rimproverarvi per aver perso la concentrazione (come ha fatto Amanda nella scena iniziale del capitolo), lasciate che succeda e traete vantaggio dalla divagazione mentale.

Se questo non vi basta come incentivo, sappiate che, a quanto pare, vagare con la mente facilita l'arduo compito della pianificazione a lungo termine. Capisco che in un primo momento possa sembrare paradossale, eppure la divagazione mentale ci aiuta in questo perché ci consente di pensare al futuro nel modo giusto.

In un altro studio, condotto sempre dal laboratorio di ricerca della UC Santa Barbara, ai partecipanti è stato assegnato un obiettivo (distinguere il più in fretta possibile i numeri pari da quelli dispari, quando richiesto) e un incarico che mettesse alla prova la loro memoria di lavoro, non tanto per valutare i risultati, ma perché fossero abbastanza impegnati dal punto di vista cognitivo da essere costretti a restare concentrati. Nel corso dell'esperimento i ricercatori hanno interrotto diverse volte i partecipanti per chiedere loro a cosa stessero pensando in quel momento. Così facendo è stato possibile analizzare il contenuto dei vari pensieri e determinare la direzione che avevano preso. Nella maggior parte dei casi le menti dei partecipanti non hanno peregrinato verso qualche imbarazzante ricordo del passato. Al contrario, si sono involate principalmente verso il futuro e si sono orientate soprattutto su se stesse e i propri obiettivi. Quando i partecipanti hanno iniziato a vagare con la mente, di default si sono messi a pensare ai loro programmi personali. Se fossero rimasti concentrati e basta, si sarebbero persi quell'importante lavoro mentale[10].

Quando si vaga con la mente, è come se P.T. Barnum* mettesse in scena un numero minore mentre il palco viene riallestito. Pertanto, conviene godersi lo show, dopodiché, quando si torna a prestare attenzione allo spettacolo principale, ecco che il prossimo atto è già lì, pronto ad allietarvi.

E se si lascia vagare troppo la mente?

C'è una bella differenza tra lasciar vagare la mente in maniera produttiva e partire per la tangente. Anzi, a dirla tutta, la divagazione mentale può aiutare a prevenire questa sorta di depistag-

* Phineas Taylor Barnum (Bethel, 5 luglio 1810 – Bridgeport, 7 aprile 1891) è stato un imprenditore e circense statunitense. È ricordato soprattutto per la sua abilità nell'attrarre gli spettatori, grazie a un'intensa pubblicità murale e giornalistica. La sua carriera fu costellata da polemiche e processi che suscitarono ancora più interesse intorno ai suoi spettacoli e raggiunsero l'apice quando Barnum denunciò se stesso come mistificatore. Nel suo celebre circo i numeri e le attrazioni erano talmente vari che ognuno poteva trovare qualcosa di adatto ai propri gusti (fonte: https://it.wikipedia.org/wiki/Phineas_Taylor_Barnum) [*N.d.T.*].

gio perché fornisce una valida alternativa a quello che conduce realmente fuori strada.

Esistono due modi per incrementare la propria produttività distraendosi di proposito. Il primo è consentire in maniera attiva la divagazione mentale: dopo essere rimasti concentrati su un problema per un certo periodo di tempo, è bene passare a un'attività moderatamente impegnativa dal punto di vista cognitivo (ma che non richieda l'uso della memoria di lavoro[11]), per poi tornare a occuparsi del problema che si stava cercando di risolvere all'inizio.

Mi raccomando: scegliete in anticipo quest'attività, così da non dovervi sforzare per idearne una quando la mente avrà già iniziato a girovagare. Questo aumenterà le probabilità di metterla in pratica al momento giusto. È consigliabile selezionare un'attività che abbia una breve durata (dell'ordine di qualche minuto) e che non vi svii a tal punto da farvi inserire il pilota automatico per non tornare più alla base. In questo modo potrete lasciar vagare la mente in maniera creativa, invece di farvi risucchiare in qualcosa di troppo laborioso. Le attività proposte nell'elenco sottostante hanno un carico cognitivo accettabile, tendono a durare poco e perdono probabilmente il loro fascino dopo qualche minuto. Di conseguenza, è come se fossero dotate di un meccanismo interno automatico che consente al pensiero di allontanarsi, per poi fare ritorno poco dopo e concentrarsi su quello che conta davvero. Ecco dunque alcuni esempi di attività che vi consiglio:

- contemplare un quadro appeso al muro, una pianta nella stanza, la vista fuori dalla finestra o le fotografie sul proprio tavolo e notare le diverse sfumature di colore;
- mettere in ordine la scrivania, sistemare i libri sullo scaffale o pulire la lavagna;
- mettere su un po' di musica e cercare di individuare tutti gli strumenti presenti nel brano che si sta ascoltando;

- fare un piccolo gioco, come ad esempio tracciare un segno sul foglio ogni volta che si vede qualcuno che cammina mentre scrive al cellulare.

Queste attività richiedono un po' di riflessione, ma non troppa, e non impiegano nemmeno molta memoria di lavoro; infatti, non è necessario tenere a mente tante informazioni mentre le si elabora.

Alcuni esempi di attività che suggerisco di evitare, quando si vuole vagare con la mente, sono:

- archiviare dei documenti (ci sono spesso molti aspetti da tenere a mente per stabilire il posto giusto per ogni cosa);
- leggere la pagina sportiva, le ultime notizie e i post di un blog (è troppo facile finire per concentrarsi molto sul contenuto, il che può impedire la divagazione mentale);
- controllare e rispondere alle mail (attività che coinvolge la memoria di lavoro e richiede parecchia attenzione);
- provare una presentazione o prepararsi per una riunione (memorizzare informazioni in modo da poterne usufruire in seguito può essere molto impegnativo per la memoria di lavoro);
- cercare di risolvere un difficile rompicapo, come un cruciverba o un gioco matematico (entrambi possono richiedere molta memoria di lavoro).

Il secondo modo per diventare più produttivi servendosi della distrazione è affidarsi alla "*mindfulness*"*. Forse avrete già sen-

---

* Il concetto di "mindfulness" deriva dagli insegnamenti del buddhismo, dello zen e dalle pratiche di meditazione yoga, ma solo a partire dalla fine degli anni Settanta è stato assimilato e utilizzato come paradigma autonomo in alcune discipline mediche e psicoterapeutiche italiane, europee e d'oltreoceano per opera del biologo statunitense Jon Kabat-Zinn. *Mindfulness* è la traduzione di *sati*, che in lingua pali (il linguaggio utilizzato dal Buddha per i suoi insegnamenti) significa essenzialmente consapevolezza, attenzione, attenzione sollecita [*N.d.T.*].

tito parlare di "*mindfulness-based stress reduction*" (MBSR)[12] [ovvero un metodo per la riduzione dello stress basato sulla consapevolezza; *N.d.T.*] e sviluppato in larga misura da Jon Kabat-Zinn, che ha declinato gli elementi di certe pratiche tradizionali della meditazione orientale all'interno di un corso strutturato per occidentali. Il protocollo MBSR, oltre a offrire molti altri benefici, si è rivelato utile per la riduzione dello stress[13], il controllo delle emozioni[14] e la gestione dell'affaticamento[15]. Non sto suggerendo di frequentare un programma MBSR di otto settimane per poi inserire venti minuti di meditazione nella propria routine quotidiana. Benché una simile abitudine porterebbe senz'altro dei vantaggi, credo che il concetto di "*mindful attention*" [attenzione consapevole; *N.d.T.*] trasmetta un insegnamento che possiamo iniziare a mettere in pratica sin da subito.

Applicare la "*mindful attention*" significa consentire ai propri pensieri di andare dove vogliono, ovvero lasciar vagare la mente, e dopo aver notato, senza esprimere giudizi, che i nostri pensieri si sono allontanati, riportare con delicatezza l'attenzione a quello che si sta sperimentando nel presente[16]. Provate a metterla in pratica su voi stessi, quando leggete. Se a un certo punto l'attenzione va alla deriva, prendete semplicemente atto del fatto che si è allontanata, come se fosse una cosa interessante, e riconducetela con dolcezza verso il libro. Si tratta di un metodo per essere il più delle volte presenti a se stessi, consapevoli di sé, degli altri e di ciò che ci circonda. Quando ci si ritrova a vagare con la mente, si può diventare degli osservatori imparziali dei propri pensieri, invece di rimproverarsi per essersi distratti dall'obiettivo. Se riusciamo a evitare di innervosirci, demoralizzarci o distrarci ancora di più per l'incapacità di concentrarci, possiamo essere più efficaci nel riportare l'attenzione sul compito da svolgere.

Se avete fatto surf almeno una volta nella vita, o avete visto dei professionisti in azione, dovreste avere una certa familiarità con l'immagine del surfista che, dopo essersi spinto un po' al largo a colpi di bracciate, si mette seduto sulla tavola con aria beata, fluttuando su e giù in mezzo all'acqua mentre attende con pazienza (da pochi secondi a svariati minuti) l'onda giusta da cavalcare. In teoria potrebbe anche inseguire ogni cavallone che gli si presenta davanti, ma per vivere un'esperienza memorabile lascia perdere la maggior parte delle onde, finché non arriva quella ideale che gli trasmette una sensazione davvero fantastica.

I pensieri sono come le onde e quando si cerca di essere produttivi e di concentrarsi su un'attività, questi affollano la mente a centinaia. Occuparsi con consapevolezza dei propri pensieri significa guardarli passare e osservare cosa succede; notare, ad esempio, se suscitano preoccupazioni e invogliano a sottrarsi al proprio incarico. Il segreto è lasciar stare i pensieri che impediscono di proseguire dritti per la propria strada, un po' come un surfista rinuncia a cavalcare le onde che non reputa del tutto ideali. Il cervello elabora una miriade di pensieri, ma non bisogna reagire a ciascuno di essi solo perché si sono palesati. Siate dei surfisti della mente e imparate a destreggiarvi tra le onde del pensiero.

Se invece di reagire ad ogni singolo pensiero noi lasciamo perdere, diamo l'opportunità alla nostra attenzione di tornare finalmente a concentrarsi sul suo compito iniziale. Secondo la mia esperienza, si tratta di investire una manciata di minuti, quindici al massimo, in qualche rara occasione, che non è poi così tanto in confronto al tempo sprecato con l'avvio di progetti meno importanti, la lettura delle notizie sportive, i social network, lo shopping online e così via.

Se si vuole restare concentrati sul proprio obiettivo per un lungo periodo di tempo, è bene non resistere alle distrazioni, ma nemmeno arrendersi e assecondarle ciecamente. Quando la mente comincia a vagare, vuol dire che necessita di un minuto per elaborare delle informazioni, rigenerarsi o aggiornarsi… bisogna quindi lasciarglielo fare, senza però dedicarsi ad altre attività.

Se, per dire, siete distratti dall'idea di una nuova dieta, è meglio accettare consapevolmente quel pensiero per un paio di minuti piuttosto che scacciarlo via, ma non seguitelo a spada tratta ovunque vi voglia portare, ad esempio su un sito dedicato al benessere o sul blog di un guru della dieta. Dopo esservi concessi qualche minuto di divagazione mentale, scommetto che sarete pronti a rimettervi al lavoro molto più velocemente di quanto avreste fatto se vi foste imposti di rinunciare alla distrazione, per non parlare di cosa sarebbe successo se foste andati su quel sito.

Naturalmente è più facile a dirsi che a farsi. Affermare che per restare concentrati su un'attività non bisogna dedicarsi a un'altra, è semplice buonsenso. Eppure, siamo dei veri esperti nel lasciare che il nostro cervello punti dritto alle distrazioni (per cui è stato progettato) per poi restarne vittima. La prossima volta che vi ritrovate a sognare a occhi aperti, dite a voi stessi che non è un problema, ma non lasciate la stanza, non attivate alcun mezzo di comunicazione e non intraprendete nuove attività, come rispondere alle mail. Restate semplicemente seduti e lasciate vagare i pensieri. Quando la mente prende il volo, seguitela; non cercate di pilotarla. Con ogni probabilità nel giro di pochi minuti tornerete a occuparvi del vostro lavoro iniziale, molto più disposti a darci dentro e senza bisogno di combattere contro voi stessi.

NON ESSERE TROPPO SEVERI CON SE STESSI

Proprio com'è successo ad Amanda, sarà capitato anche a voi a un certo punto di convincervi di essere in grado, impegnandovi a fondo, di restare concentrati per un lasso di tempo indefinito. E ci sarete rimasti male nell'accorgervi che non è così. Eppure, come avete visto, se si parte con l'idea di dover riuscire a restare concentrati senza fare pause, si va incontro al fallimento sicuro. Il cervello fa quello per cui è stato concepito: individuare delle distrazioni e buttarcisi a capofitto. È possibile ridurre i diversivi e assicurarsi che il cervello resti concentrato sull'obiettivo per un breve periodo di tempo, ma non lo si può obbligare a ignorare tutte le distrazioni.

Amanda avrebbe potuto impedire che il socio la interrompesse chiudendo la porta del proprio ufficio o informando tutti i colleghi che sarebbe stata impegnata per le due ore a seguire. Avrebbe potuto disattivare la funzione di notifica delle mail per evitare la tentazione di aprire ogni nuovo messaggio in arrivo. Avrebbe addirittura potuto installare un programma per bloccare l'accesso al proprio sito di gossip preferito in certi orari della giornata. Ma non avrebbe potuto sottrarsi con la stessa facilità ai pensieri sul cliente inadempiente, sulla propria mancanza di allenamento fisico o su centinaia di altri argomenti.

La sua unica possibilità per restare concentrata sull'obiettivo, nonostante queste distrazioni, è lasciarsi andare: accettare le interruzioni, concedersi un po' di sana divagazione mentale e poi, dopo qualche minuto, riportare con delicatezza l'attenzione sul proprio compito. A tale scopo, quello che le serve più di tutto è non essere troppo severa con se stessa.

È fin troppo facile sprecare tempo ed energie a combattere le tendenze girovaghe del nostro cervello e attribuire la colpa della nostra incapacità di tenere viva l'attenzione a un difetto caratteriale. Spero che questa strategia abbia contribuito a far luce sul fatto che lasciar vagare la mente non è soltanto normale, ma è addirittura auspicabile. Tuttavia, nella nostra società è talmente radicato il concetto secondo il quale fantasticare è sbagliato che quando ci capita, non possiamo fare a meno di rimproverarci per la nostra negligenza. È soprattutto per questo che quando si tratta di restare concentrati per un periodo di tempo prolungato, le nostre armi segrete più efficaci non sono la disciplina o la forza di volontà, ma l'autocompassione.

La prossima volta che vi ritroverete a sognare a occhi aperti, siate indulgenti con voi stessi. Potrebbe essere proprio quello che ci vuole per ritagliarvi un paio di ore al top della produttività.

STRATEGIA 4

Sfruttare a proprio vantaggio il rapporto mente-corpo

Finora abbiamo parlato di come goderci un paio di ore di autentica produttività avvalendoci dei punti decisionali, scegliendo quali attività svolgere e in che ordine (così da dedicare loro la giusta energia mentale), e gestendo in maniera efficace l'attenzione una volta intrapresa una certa attività. Queste tre strategie basterebbero a rendere ogni giorno altamente produttivo, se solo si avesse il pieno controllo della propria agenda.

Purtroppo, però, nessuno di noi ha questa fortuna. Infatti, non sempre è possibile scegliere di lavorare su un progetto chiave quando si ha la giusta energia mentale da dedicargli. Talvolta abbiamo le idee confuse, siamo in preda all'ansia o ci sentiamo stressati in generale, ma dobbiamo comunque portare avanti il lavoro. Spesso le nostre tabelle di marcia giornaliere sono costellate di presentazioni programmate da settimane, scadenze imposte da capi o clienti, riunioni periodiche con i colleghi e così via. In poche parole, ci servirebbe essere all'apice della forma mentale in momenti ben precisi della giornata per svolgere attività pianificate in precedenza.

Per essere al culmine delle nostre capacità mentali in determinate circostanze, possiamo intraprendere un'altra strategia: sfruttare gli effetti *immediati* dell'alimentazione e dell'esercizio fisico per migliorare le nostre funzionalità cerebrali.

Jennifer, ad esempio, che negli anni ha fatto carriera ed è diventata responsabile delle risorse umane di un'organizzazione con più di diecimila dipendenti, deve incontrare i proprietari giapponesi della casa madre, che sono in visita in città. Venti minuti prima della riunione, a furia di bere caffè e mangiare le caramelline che tiene sulla scrivania, le *è venuto* un nodo allo stomaco; inoltre, ha ricontrollato talmente tante volte l'agenda sul computer che le fanno male i muscoli del collo e ha raggiunto dei livelli di distrazione e irritabilità molto elevati.

Dieci minuti prima dell'incontro si ritrova in piedi nel bagno a desiderare che quell'ora fosse già passata. Si fissa allo specchio e nota delle borse sotto gli occhi che al mattino non c'erano. "Sembro davvero così vecchia?", si domanda. Il suo corpo trasmette all'esterno quello che lei prova dentro di sé. Come apprenderete in questo capitolo, se Jennifer fosse andata a farsi una bella passeggiata di trenta o quaranta minuti, invece di rimuginare in maniera ossessiva sul materiale della riunione, il suo corpo avrebbe potuto trasmettere leggerezza di spirito e lucidità mentale.

Che le condizioni fisiche influenzino quelle mentali è un concetto ovvio e rivoluzionario al tempo stesso. Da un lato è ovvio perché quasi tutti hanno sperimentato, a un certo punto della propria vita, che ci si sente più lucidi quando si è in ottima forma fisica e frastornati quando si sta male o si è vittime dell'abbiocco da cibo. Quello che avviene nel nostro corpo ha delle conseguenze sulla nostra capacità di pensare.

Dall'altro lato, è rivoluzionario perché solo di rado diamo seguito a questa conoscenza intuitiva, forse perché l'idea del corpo e della mente che si influenzano a vicenda è in palese contraddizione con le antichissime supposizioni del pensiero occidentale. Per molto tempo, infatti, la mente è stata ritenuta indipendente dal corpo, e il corpo, del resto, *è stato* considerato forse alla stregua di un sistema di supporto vitale per la mente[1]. Non c'è quindi da stupirsi se ci siamo sempre aspettati che la gente lavorasse indistintamente bene tutto il giorno e abbiamo sempre pensato all'esercizio fisico come a un lusso.

Tuttavia, studi recenti confermano e ci aiutano a mettere in pratica quanto già sappiamo a livello intuitivo, ovvero che le condizioni fisiche influenzano profondamente quelle mentali. Anzi, la mente e il corpo sono talmente interconnessi che spesso confondiamo le sensazioni fisiche con quelle emotive, il che può rivelarsi uno strumento incredibile nel programmare due ore di super produttività.

Durante uno studio ben documentato condotto negli anni Sessanta, i due ricercatori Stanley Schachter e Jerome Singer hanno praticato ai partecipanti un'iniezione di adrenalina dicendo loro che si trattava di una soluzione vitaminica[2]. Ad alcuni è stato detto di aspettarsi, tra gli effetti collaterali della puntura, un aumento della frequenza cardiaca, tremore alle mani e rossore in viso; in altre parole, gli effetti veri e propri dell'adrenalina. Agli altri, invece, o non è stata preannunciata alcuna conseguenza fisica, oppure è stato fornito un elenco di effetti collaterali fasulli.

In seguito i partecipanti sono stati sottoposti a situazioni volte a suscitare euforia oppure rabbia. Coloro ai quali erano state descritte le conseguenze effettive dell'iniezione, le hanno spesso ricondotte a sensazioni fisiche, mentre chi non conosceva i veri effetti collaterali, ha manifestato una tendenza a confondere i sintomi fisici (rossore in volto, tremori e battito cardiaco accelerato) con le emozioni (euforia o rabbia, a seconda delle situazioni a cui erano stati sottoposti).

Quello che Schachter e Singer hanno dimostrato è che può essere molto difficile operare una netta distinzione tra sensazioni fisiche ed emotive. Si pensa, infatti, che queste siano strettamente connesse tra loro. Le emozioni sembrano comunque reali, a prescindere dal fatto che siano scaturite da una situazione o da una reazione fisica a una sostanza come l'adrenalina. Per questo motivo, modificare le sensazioni corporee può costituire un ottimo stratagemma per aiutare ad alterare le proprie condizioni mentali.

Sarà capitato a pochi di voi di ricevere un'iniezione di adrenalina; eppure, avete mai notato che, di tanto in tanto, la caffeina ci fa sentire diversi, da un punto di vista emotivo? Vi è mai successo di confondere le conseguenze fisiche dell'aver consumato un pasto pesante e ricco di carboidrati con un senso di irritazione nei confronti di un collega?

In questo capitolo non insisterò sull'importanza dell'essere in ottima forma fisica per aumentare la produttività (rimandiamo la discussione a un altro libro). Fate pure come volete e consumate un pranzo luculliano ricco di carboidrati, piazzatevi alla scrivania per ore e ore ed evitate di praticare con costanza un po' di esercizio fisico. Ma riservate quest'atteggiamento ai momenti in cui non avete intenzione di occuparvi delle attività per cui bisogna essere all'apice della forma mentale.

Per quanto riguarda questa strategia, nelle prossime pagine illustrerò i modi in cui l'esercizio fisico, l'alimentazione e la caffeina possono influenzare le nostre capacità mentali nei minuti e nelle ore a seguire. Quando ci si ritrova a lottare con se stessi per pensare con lucidità, o ci si sente troppo ansiosi o stressati, è ora di usare il proprio corpo in maniera diversa, premere il tasto "reset" e ripartire da zero. Man mano che si comprende come l'esercizio fisico e l'alimentazione condizionino le nostre funzionalità cerebrali, si possono utilizzare queste conoscenze come strumenti per incrementare la produttività, quando il lavoro lo richiede (ad esempio nel caso di una presentazione imminente, una consegna da rispettare o un incontro impegnativo con un cliente). Naturalmente, ogni volta che si modificano le proprie abitudini alimentari o sportive bisogna confrontarsi prima con un medico.

COME L'ESERCIZIO FISICO INFLUENZA LE CONDIZIONI MENTALI

Non c'è ombra di dubbio sul fatto che le svariate qualità personali di Nelson Mandela lo abbiano reso capace di un'immensa resilienza mentale, durante gli anni passati a nascondersi e i successivi decenni trascorsi in carcere come prigioniero politico. Eppure, è stato lui stesso ad attribuire almeno in parte la propria resilienza e lucidità di pensiero all'attività fisica, anche quando è stato costretto a vivere per giorni in una cella. Nella sua autobiografia Mandela ha rivelato che, mentre si trovava in carcere, aveva preso l'abitudine, dal lunedì al giovedì, di correre sul posto fino a tre quarti d'ora di seguito e di fare piegamenti, addominali e altri esercizi. Scrive Mandela: «Mi sembrava di lavorare meglio e di pensare più lucidamente quando ero fisicamente in buona forma, e quindi avevo fatto dell'allenamento una disciplina costante della mia vita»[3].

Per decenni i sostenitori del benessere ci hanno incoraggiato a svolgere più esercizio fisico. I benefici a lungo termine di un allenamento costante per la salute, il benessere e l'aspetto esteriore sono ben documentati e di certo ne avrete sentito parlare un milione di volte, per cui non mi dilungherò a ripeterli. In questo capitolo metterò in evidenza il messaggio che Mandela pare avesse compreso a fondo, ovvero che l'esercizio fisico ha un effetto quasi istantaneo sulle nostre prestazioni mentali.

Già dopo una sola sessione di allenamento, infatti, si ottengono dei benefici immediati, per quanto riguarda le condizioni mentali, di cui potrebbero non parlarvi nei centri fitness e benessere. Anche solo un piccolo esercizio svolto al momento giusto può, nelle *ore* che seguono l'attività fisica, agevolare il ragionamento, favorire la concentrazione, chiarire le idee e ridurre l'ansia (tutti elementi chiave per la produttività sostenuta).

Una meta-analisi ha dimostrato, ad esempio, che allenarsi dai dieci ai quaranta minuti ha un impatto significativo e immediato sul miglioramento delle funzioni esecutive[4]. Come forse ricorderete dal capitolo sulla strategia 2, il termine "funzioni esecutive" si riferisce alle molteplici abilità del cervello di dirigere e disattivare le varie attività mentali, il che permette, ad esempio, di assegnare priorità diverse alle questioni che emergono durante una riunione del personale o di frenare l'istinto di dare dello stupido al capo nel bel mezzo della verifica del proprio rendimento. La ricerca indica che l'esercizio fisico potenzia soprattutto le funzioni esecutive che riguardano l'autocontrollo.

In un altro studio condotto in Giappone, un gruppo di ricercatori ha somministrato ai partecipanti un test psicologico piuttosto comune: il test di Stroop. Quello assegnato in questo caso, in particolare, è anche noto come test "colori e parole"; ai partecipanti viene mostrato per iscritto il nome di un colore (ad esempio "giallo"), ma la parola è stampata in un colore diverso (ad esempio in nero). I partecipanti devono quindi pronunciare o la parola scritta o il nome del colore in cui la parola è stampata. (Tanto per fare un esempio, provate a dire a voce alta il più velocemente possibile qual è il colore dell'inchiostro in cui è stampata la seguente parola: GIALLO. È molto probabile che ci mettiate più tempo a dare la risposta giusta, cioè nero, di quanto ce ne avreste messo se la parola scritta fosse stata NERO). In questo tipo di test, tempi di reazione più brevi per fornire la risposta corretta corrispondono a un migliore controllo inibitorio.

Una volta ultimata la prova, ad alcuni partecipanti è stato chiesto di svolgere dieci minuti di esercizio fisico, con un livello di sforzo moderato ben preciso (ovvero a metà dell'apporto massimo di ossigeno, valore che riflette la forma fisica aerobica dell'individuo[5] e che equivale grossomodo all'effetto di una camminata a passo svelto o di una corsetta blanda). In seguito, agli stessi partecipanti è stato chiesto di riposarsi per un quarto d'ora prima di sottoporsi a un altro test di Stroop. Nel frattempo, al gruppo di controllo è stato chiesto di riposarsi semplicemente per venticinque minuti (i membri di questo secondo gruppo hanno quindi aspettato la stessa quantità di tempo prima di sottoporsi a un nuovo test, ma senza svolgere alcun esercizio fisico)[6].

I ricercatori hanno così scoperto non solo che i dieci minuti di esercizio moderato hanno comportato una diminuzione significativa dei tempi di reazione nel test di Stroop, ma anche che parte della corteccia prefrontale laterale (un'area del cervello che gioca un ruolo importante nell'autocontrollo) ha manifestato una maggiore attività. Queste conclusioni suggeriscono che praticare dello sport non soltanto ci rende più vigili e pronti a fare tutto più in fretta, ma può anche potenziare i processi cerebrali preposti a intervenire ed esercitare l'autocontrollo, a tutto vantaggio delle capacità decisionali, di pianificazione, di risoluzione dei problemi e quant'altro. Sono proprio queste le funzioni cognitive di cui si è parlato nel secondo capitolo, che risentono maggiormente dell'affaticamento mentale.

Altre prove dimostrano che l'esercizio fisico determina una maggiore attenzione. Un team di ricercatori della University of Illinois a Urbana-Champaign ha chiesto a un gruppo di partecipanti di svolgere venti minuti di attività fisica moderata su un tapis roulant (al 60% del battito cardiaco massimo, che anche in questo caso per molte persone corrisponde all'intensità di una camminata a passo svelto o di una corsetta blanda)[7]. Una volta ristabilita la frequenza cardiaca normale (di solito dopo circa venti o venticinque minuti dal completamento dell'esercizio), i partecipanti sono stati coinvolti nel cosiddetto "*flanker task*". L'idea di base del *task* è individuare un *target* ignorando gli stimoli di disturbo [denominati appunto "*flanker*", perché fiancheggiano il *target*; *N.d.T.*] che gli stanno accanto su entrambi i lati.

Il team di Urbana-Champaign ha scoperto che un allenamento moderato non solo aiuta ad accrescere l'attenzione, ma può anche migliorare l'attenzione primaria nei confronti delle nuove informazioni, il che significa facilitare la concentrazione e al contempo disincentivare la distrazione a livello di percezione basilare. Declinato in un contesto lavorativo, vuol dire ad esempio riuscire a concentrarsi meglio sulle parole del documento che si sta leggendo al computer, invece di farsi distrarre da *pop-up*, notifiche e altri avvisi tipici dei dispositivi elettronici.

Tuttavia, forse uno dei più grandi benefici che l'esercizio fisico apporta alla nostra produttività è il fatto che, subito dopo averlo svolto, avvertiamo un miglioramento delle nostre condizioni mentali generali. Vi è mai capitato di restare troppo a lungo senza mangiare e notare delle strane conseguenze per quanto riguarda l'umore, la lucidità di pensiero, la capacità di concentrazione o la rapidità mentale? È molto probabile che queste alterazioni delle condizioni mentali fossero dovute a un calo di zuccheri nel sangue[8]. Reagiamo tutti in maniera diversa quando i livelli di glucosio nel sangue si abbassano drasticamente, ma è abbastanza comune manifestare dei sintomi legati a una riduzione della produttività.

A quanto pare, l'esercizio fisico aiuta anche a stabilizzare i livelli di zucchero nel sangue. È emerso, infatti, che nei pazienti affetti da diabete di tipo 2 (persone in grave pericolo a causa degli elevati livelli di glucosio nel sangue) una sola sessione di allenamento aerobico è in grado di abbassare la glicemia del 16% e di mantenerla entro certi limiti per circa tre ore[9]. L'attività fisica è una strategia piuttosto comune nel trattamento dei soggetti diabetici e i suoi vantaggi sono noti ormai da tempo. Tuttavia, ciò che questo studio specifico aiuta a dimostrare è l'impatto decisivo e immediato che una sola sessione di allenamento può esercitare sui livelli di glucosio presenti nel sangue e sulle facoltà mentali.

L'esercizio fisico costituisce inoltre un ottimo rimedio per ridurre l'ansia. Una meta-analisi condotta sui risultati di oltre un centinaio di studi ha confermato che un allenamento aerobico, svolto per un lasso di tempo che va dai ventuno ai trenta minuti, basta a ridurre sensibilmente lo stato di ansia nel periodo successivo all'esercizio[10]. Un altro studio, invece, ha avvalorato l'ipotesi secondo la quale, nel lungo termine, il moto aiuta a contrastare gli effetti negativi dello stress cronico[11].

Infine, un'ulteriore meta-analisi ha comprovato che l'esercizio fisico non ha soltanto la funzione di attenuare sensazioni negative come l'ansia, ma anche quella di amplificare stati d'animo ed emozioni positivi, quali gioia, euforia, vitalità o entusiasmo[12]. Le emozioni positive aumentano in maniera significativa dopo un allenamento lieve o moderato, ma quel che sorprende è che non si amplificano poi così tanto in seguito a sessioni di esercizio più lunghe o intense. I ricercatori definiscono "allenamento moderato" grossomodo dai venti ai trenta minuti di esercizio ad alta intensità, oppure dai trenta ai quaranta minuti di esercizio a intensità moderata. Per alta intensità si intende correre a ritmo sostenuto, farsi venire un po' di fiatone, innalzare il battito cardiaco, farsi magari anche una bella sudata o cose del genere. Come ho già detto, per molti un'intensità moderata corrisponde invece a una camminata a passo spedito o una corsetta blanda, per cui si suda un pochino, si sciolgono dolori e tensioni e si sente il bisogno di respirare un po' più a fondo del solito, ma senza certo mettere alla prova i propri limiti.

La ricerca suggerisce inoltre che l'effetto positivo dell'esercizio fisico sulle emozioni raggiunge il proprio apice nel giro di trenta minuti di allenamento e che i vantaggi conferiti a emozioni e stati d'animo sono maggiori per coloro che, prima di svolgere attività fisica, avevano uno stato d'animo relativamente meno positivo. Ne consegue che fare moto si rivela particolarmente utile quando ne abbiamo più bisogno[13].

Infine, un'ulteriore meta-analisi ha dimostrato che una sessione di allenamento aerobico moderato, che duri tra i ventuno e i quaranta minuti, trasmette poco dopo un senso di carica ed energia[14].

Ma allora, a proposito di creare i presupposti per due ore di super produttività, cosa ci dicono tutte queste ricerche?

Allenarsi in modo strategico

Come ho già scritto in precedenza, il presente capitolo non rappresenta una spiegazione del perché si dovrebbe fare moto con regolarità per assicurarsi un maggior benessere in generale e magari, grazie a quello, diventare più produttivi. Quello che mi preme sottolineare, piuttosto, è che a prescindere dalla pratica di un allenamento costante, si può comunque utilizzare l'attività fisica in momenti ben precisi, così da potenziare le capacità di ragionamento e l'energia mentale.

Dovete fare una presentazione, portare a termine un progetto importante, redigere un documento di rilevanza strategica o elaborare una proposta per uno dei vostri clienti principali? Interagire con gli acquirenti vi rende nervosi? Gli incontri con il capo o con alcuni clienti aumentano i vostri livelli di ansia? Svolgere determinate attività (lavori noiosi, incarichi per cui non vi sentite portati o collaborazioni con persone che considerate difficili) vi demoralizza? Vi capita di prendere parte a riunioni interminabili dopo le quali vi sentite completamente sfiniti? Ci sono periodi ricorrenti della giornata o della settimana in cui vi sentite stanchi o poco motivati? Un po' di esercizio moderato al momento giusto può fare la differenza.

Come avete potuto constatare, gran parte della ricerca scientifica suggerisce che un'attività fisica moderata aiuta a concentrarsi, a chiarirsi le idee e a migliorare l'umore (favorendo nel frattempo anche il rilassamento); questi effetti benefici si verificano nei minuti e nelle ore che seguono l'esercizio, per cui fare moto è come premere il tasto "reset". Si tratta di una strategia affidabile, efficace e ad azione rapida per migliorare le proprie prestazioni mentali. Un esercizio moderato (abbastanza intenso da farvi sudare, ma non così tanto da sfiancarvi) è un vero toccasana e può determinare la svolta nelle ore immediatamente successive all'allenamento.

Ecco di seguito alcuni modi per sfruttare al meglio l'esercizio fisico.

- Se vi sentite mentalmente apatici o incapaci di concentrarvi, uscite dall'ufficio e allontanatevi senza pensarci due volte. Camminate a passo svelto per trenta o quaranta minuti, fate su e giù per le scale di servizio per dieci o venti minuti, oppure, se siete iscritti a una palestra lì vicino, prendetevi una pausa e correte per venti o trenta minuti sul tapis roulant, allenatevi con la cyclette o con il vostro attrezzo preferito. Cercate di sudare un pochino, ma senza strafare. Un'attività fisica moderata dovrebbe aumentare la capacità di concentrazione e l'agilità mentale.

- Se possibile, fissate le riunioni più impegnative o ansiogene in momenti in cui prima potete ritagliarvi del tempo per un po' di esercizio moderato. Questo dovrebbe calmarvi e migliorare il vostro umore.
- Quando vi ritrovate in agenda un'attività particolarmente gravosa o logorante, la mattina stessa, prima di occuparvene, fate un po' di moto per facilitarne la gestione, oppure pianificate di svolgere l'attività in un momento della giornata in cui subito dopo potete muovervi un po', così da ripristinare le energie mentali prosciugate e migliorare il vostro umore per affrontare l'attività successiva.
- In generale, pianificate una sessione di allenamento dai venti ai quaranta minuti circa un paio di ore *prima* (non di più) rispetto al momento in cui avete bisogno di essere super produttivi.

Se Nelson Mandela, nella propria cella, riusciva a correre sul posto così a lungo, voi potete senz'altro salire su un tapis roulant al mattino, prima di una riunione importante. La prossima volta che dovete dedicarvi a un'attività di un certo rilievo, prendete in considerazione il fatto che il vostro corpo, e non solo il cervello, potrebbe rappresentare la chiave del vostro successo.

COME IL CIBO E LE BEVANDE INFLUENZANO LE CONDIZIONI MENTALI

Se gli impegni non consentono di trovare il tempo per svolgere un po' di attività fisica nei giorni in cui ne avremmo più bisogno, ci sono comunque altri modi per lavorare in sinergia con il nostro corpo e raggiungere l'apice della produttività. Uno di questi riguarda qualcosa che facciamo ogni giorno, anche al lavoro: mangiare e bere. Quello che mangiamo e beviamo (e quando questo avviene) può avere un impatto significativo sui nostri livelli di energia, sull'umore e sulle funzioni esecutive nei minuti e nelle ore successive all'ingestione. Oltre a ricaricare il corpo con l'esercizio fisico, quando si ha bisogno di essere produttivi, si può combattere l'affaticamento mentale mangiando e bevendo in modo strategico, ovvero modificando il contenuto e la quantità di ciò che si immette nell'organismo.

Uno scoop sull'assunzione di carboidrati, proteine e lipidi

Non esistono molti studi che mettano a confronto gli effetti di carboidrati, proteine e lipidi sul nostro pensiero e sulle sensazioni che proviamo nelle ore successive all'assunzione di queste sostanze[15]. Eppure, quello che è stato scoperto finora potrebbe stupirvi. Una recente indagine suggerisce che i carboidrati possono causare un rapido incremento (della durata di pochi minuti soltanto) di alcune capacità mentali; in uno studio, ad esempio, si è visto che l'attenzione è migliorata a distanza di quindici minuti dall'assunzione di carboidrati, ma nel giro di un'ora si sono verificati dei cali di altre funzioni esecutive. Alcuni studiosi ritengono che, dato il tempo necessario ad assimilare i nutrienti, gli effetti che si manifestano pochi minuti dopo la loro ingestione hanno probabilmente a che fare con qualcosa di diverso rispetto al loro assorbimento; ad esempio, potrebbero essere legati al semplice riconoscimento dell'immissione di quelle sostanze nell'organismo. Per contro, un pasto ricco di proteine ci mette un'ora per fornire un impulso alla memoria[16].

Nel frattempo, i lipidi, che ci crediate o meno, potrebbero rivelarsi più utili. Uno studio ha dimostrato, infatti, che diverse attività legate alle funzioni esecutive traggono maggiori benefici dal consumo di grassi, invece che di proteine e carboidrati (tutti presentati sottoforma di crema alla vaniglia dal gusto simile, a prescindere dal contenuto di macronutrienti), e che gli effetti positivi durano fino a tre ore. In questo studio i lipidi (una combinazione di olio di soia, olio di palma e panna liquida), al contrario di carboidrati e proteine, non hanno comportato una grande alterazione dei livelli di glucosio nel sangue o dell'equilibrio degli ormoni che regolano quei livelli. Carboidrati e proteine, tuttavia, hanno prodotto anche altri effetti: i primi hanno dato una scossa alla memoria a breve termine, rispetto alle proteine, mentre queste ultime hanno dato un nuovo impulso all'attenzione rispetto ai carboidrati[17].

Di conseguenza, quando siete a caccia di una buona prestazione cognitiva, non conviene che vi preoccupiate troppo se mettete molta panna nel caffè o se un pezzo di formaggio è ricco di grassi. È però bene sapere che, a lungo andare, sembra che i grassi saturi rappresentino una minaccia per le funzioni cognitive, mentre gli acidi grassi Omega-3, a quanto pare, apportano vari benefici[18].

Livelli di zucchero nel sangue e produttività

Per quanto riguarda il consumo di carboidrati, la ricerca è un po' più attiva nell'indagare i loro effetti sulle capacità mentali (rispetto a proteine e lipidi). Bisogna fare un'importante distinzione all'interno della famiglia dei carboidrati: il loro impatto è maggiore o minore a seconda del loro indice glicemico (IG), un valore che indica la velocità con cui aumenta la glicemia (la concentrazione di glucosio nel sangue) in seguito all'assunzione di un certo tipo di carboidrato. Lo zucchero circola nel sangue sottoforma di glucosio, uno dei maggiori carburanti sia per il cervello che per il corpo. Se ingeriamo del glucosio puro, i livelli di zucchero nel sangue aumentano vertiginosamente. Al glucosio è assegnato un indice glicemico di 100, che rappresenta il massimo della scala. Gli altri carboidrati hanno un impatto minore sulla presenza di zuccheri nel sangue. Una mela, ad esempio, ha un indice glicemico molto basso di appena 34, che significa che la sua incidenza sui livelli di zucchero nel sangue corrisponde al 34% dell'effetto che avrebbe una porzione equivalente di glucosio puro[19].

In effetti, la maggior parte della frutta e della verdura intera ha un indice glicemico inferiore rispetto al pane, ai cereali, alla pasta, ai biscotti, alle torte, ai dolci e allo zucchero. Ci sono tuttavia un paio di eccezioni: l'avena e la quinoa hanno un indice glicemico inferiore rispetto a molte altre granaglie, mentre le banane hanno un indice glicemico più elevato di tanti altri frutti. C'è anche un altro aspetto che a volte trae in inganno: i succhi potranno anche essere estratti da frutta a basso indice glicemico, ma per ottenere un succo bisogna spremere svariati pezzi di frutta. Pertanto, rispetto a mangiare un frutto intero, una piccola quantità di succo contiene spesso molti più carboidrati.

Mantenere costanti i livelli di zucchero nel sangue significa preservare le prestazioni cognitive e lasciare inalterato l'umore. Ne consegue che anche il tipo di carboidrati che ingeriamo fa la differenza. In uno studio condotto su tre gruppi di partecipanti, ogni "classe" ha consumato una colazione composta da pane con marmellata ipocalorica, yogurt magro e una bevanda al gusto di arancia, ma l'indice glicemico dello yogurt e della bevanda era diverso per ciascun gruppo: 100, 67 e 32. L'umore dei partecipanti è stato poi monitorato per qualche ora.

I ricercatori hanno scoperto che maggiore era l'indice glicemico della colazione, più i partecipanti si dimostravano ostili e sgradevoli. Tuttavia, come hanno sottolineato gli autori dello studio, la questione è più complessa: umore e conseguenze a livello cognitivo dipendono anche da fattori quali la capacità di metabolizzare bene il glucosio. Sorprendentemente, i partecipanti in grado di metabolizzare bene il glucosio hanno riportato maggiori conseguenze, mentre gli altri non hanno registrato grosse differenze[20].

Un altro studio, condotto su ragazzi dai 12 ai 14 anni, ha rivelato che, rispetto a una colazione ad alto indice glicemico o a una mancata colazione, una colazione a basso indice glicemico migliora le funzioni esecutive, per esempio nell'ambito di un test di Stroop (autoinibizione) o di un *flanker task* (attenzione a scapito della distrazione); i primi benefici si sono verificati a due ore di distanza dal pasto. Nello studio, la colazione ad alto indice glicemico superava di poco i 70 di IG, mentre quella a basso indice glicemico aveva un IG di poco inferiore a 50[21].

Quanto si dovrebbe mangiare di volta in volta?

Non è solo quello che consumiamo a influire sulla nostra energia e lucidità mentale. Conta molto anche quanto mangiamo *ogni volta*, pur restando entro certi limiti quantitativi ritenuti normali. In uno studio condotto nel Regno Unito, i ricercatori hanno somministrato a due gruppi di persone la stessa identica quantità di cibo, ma al primo gruppo hanno servito due porzioni più grandi, mentre al secondo quattro porzioni più piccole. I partecipanti con solo due porzioni a disposizione hanno bevuto due frappé contenenti 58,4 g di carboidrati, 21,5 g di proteine e 25,2 g di grassi, uno alle 9:00 del mattino e uno alle 13:00 (dosi e orari ragionevoli per una colazione e un pranzo). I partecipanti del secondo gruppo hanno bevuto quattro frappé, contenenti la metà dei macronutrienti (29,2 g di carboidrati, 10,9 g di proteine e 12,6 g di grassi), alle 9:00, alle 11:00, alle 13:00 e alle 15:00.

Un'ora dopo aver ingerito i vari frappé, i partecipanti di entrambi i gruppi si sono sottoposti a una serie di attività volte a testare i tempi di reazione, il ragionamento verbale, la memoria e altre funzioni. Coloro che avevano bevuto i quattro frappé più piccoli hanno riportato dei miglioramenti significativi in buona parte delle attività. I ricercatori hanno quindi supposto che dei pasti più contenuti, distribuiti a intervalli regolari nell'arco della giornata, aiutino a stabilizzare i livelli di zucchero nel sangue, il che ha a sua volta un effetto positivo sul pensiero e, in particolare, sulla memoria di lavoro[22].

Fino all'ultima goccia

Quello che mangiamo ha delle ripercussioni importanti sulla nostra energia mentale, proprio come quello che beviamo. Partiamo con il dare un'occhiata alla bevanda più conosciuta (l'acqua) e a cosa succede se non ne assumiamo a sufficienza.

L'acqua

Si stima che grossomodo il 50% del corpo umano sia composto da acqua[23]. Dipendiamo da questo fluido sotto molti punti di vista, per quanto riguarda le funzioni vitali basilari. Di conseguenza, non fa una piega che mantenere idratati noi stessi e il nostro cervello sia fondamentale per garantire delle prestazioni ottimali e aggiudicarci due ore di super produttività. Eppure, la disidratazione è un problema che ci affligge forse più spesso di quanto pensiamo. Anche una lieve forma di disidratazione, infatti, può avere delle ripercussioni negative sull'energia mentale a nostra disposizione e impedirci di essere al top della forma.

Un'analisi della letteratura scientifica, condotta prendendo in esame diversi studi, dimostra che anche nei giovani adulti sani un calo di appena il 2% dell'idratazione può pregiudicare l'attenzione e la memoria a breve termine, benché non comprometta né quella a lungo termine, né una serie di funzioni esecutive[24].

Inoltre, anche in termini di esperienza soggettiva, sembra che la disidratazione complichi parecchio le cose. Per esempio, un gruppo di ricercatori ha esaminato gli effetti della disidratazione facendo camminare alcune donne per quaranta minuti su un tapis roulant. In media, le partecipanti hanno perso l'1,36% della massa corporea a causa della disidratazione. Durante i vari test, in alcune giornate le donne reintegravano i liquidi persi bevendo acqua, mentre in altre giornate le stesse persone restavano senza bere. Quando disidratate, le partecipanti erano più irritabili, più stanche e facevano più fatica a concentrarsi[25].

Come se non bastasse, man mano che si invecchia pare che l'idratazione assuma sempre maggiore rilevanza per quanto riguarda le prestazioni cognitive e il buonumore[26].

Per questo motivo non bisogna sottovalutare il potere di un semplice bicchiere di acqua per mantenere la propria mente lucida. Se dovete essere al massimo della forma mentale e non avete bevuto niente nell'arco delle ultime due ore, vi consiglio di filare dritto verso il boccione dell'acqua. Anzi, perché non prevedere anche un piccolo incentivo rimpiazzando il bicchiere di acqua naturale con qualcosa di più stuzzicante? Io, ad esempio, sono un grande estimatore dell'acqua gassata o, come la chiamava il mio nipotino quando aveva 3 anni, l'acqua "pizzichina".

La caffeina

C'è anche un'altra bevanda alla quale molti di noi fanno ricorso per combattere la stanchezza: il caffè. Si stima che l'80% della popolazione mondiale beva caffè o tè quotidianamente, o che comunque attinga a una qualche fonte di caffeina[27]. Se siete come me, avete sviluppato una dipendenza dal caffè, di cui avete bisogno per azionare il cervello al mattino. D'altro canto, come avrete già notato, ci sono invece occasioni in cui lo bevete ma non sembra proprio funzionare, un po' come se il caffè si fosse "rotto".

La caffeina, sottoforma di caffè, tè, bibite, bevande energetiche o cioccolata in tazza, è un'arma a doppio taglio: a volte favorisce e a volte compromette le prestazioni cognitive e l'umore. Studi recenti suggeriscono che in molti la considerano di grande sostegno, quando usata in modo appropriato. Affidiamoci ad alcune di queste ricerche per comprendere cosa si intenda per uso appropriato e perché la caffeina eserciti una tale influenza su di noi.

Certi studiosi ritengono che i benefici della caffeina nei confronti delle nostre facoltà mentali si manifestino solo nel momento in cui sviluppiamo una dipendenza da questa sostanza. Quando non assumiamo caffeina (per esempio di notte, nei lunghi periodi di tempo in cui dormiamo), andiamo in astinenza, per cui le nostre facoltà mentali si riducono e potremmo essere di umore relativamente negativo o soffrire addirittura di mal di testa. Non appena beviamo la nostra tazza di caffè o tè forte, l'impennata di caffeina nell'organismo ci fa stare benissimo, in confronto a come ci sentivamo in carenza di caffeina; questa sostanza, infatti, aguzza la mente e migliora l'umore. Mentre scorre nelle vene, ci riporta a una sorta di normalità, ovvero a un livello di funzionamento che, a parità di altre condizioni, avremmo sperimentato solo se non avessimo sviluppato una dipendenza da caffeina[28].

Ma non preoccupatevi: questo non significa per forza che dobbiate smettere di bere caffè. È stato dimostrato, infatti, che tale sostanza esercita degli effetti positivi a lungo termine sulla salute mentale e fisica; per esempio, rallenta il declino cognitivo legato all'invecchiamento e riduce il rischio di sviluppare il diabete di tipo 2[29].

Altri ricercatori sostengono che la caffeina influisca sulle facoltà mentali sia in presenza che in mancanza di dipendenza. Ad esempio, uno studio condotto dalla University of Chicago ha analizzato gli effetti della caffeina su un gruppo di partecipanti che ne assumeva meno di 300 mg a settimana (circa due tazze da

230 ml oppure una media di Starbucks, detta "Grande"*) senza aver sviluppato una dipendenza da caffè. Pertanto, gli effetti non potevano essere ricondotti a una crisi di astinenza. Lo studio ha confermato che 150 o 450 mg di caffeina aumentano la stimolazione, riducono la stanchezza e suscitano una maggiore attenzione rispetto al placebo. Tuttavia, non ci sono soltanto effetti positivi: 450 milligrammi aumentano anche la sensazione di ansia e pregiudicano in parte la memoria[30].

Con ogni probabilità entrambe le teorie sono corrette: può darsi che alcuni benefici apparenti della caffeina siano il risultato della lotta ai sintomi da astinenza, mentre altri costituiscano invece l'effetto diretto della sostanza sull'organismo. Ad ogni modo, la ricerca suggerisce che un po' di caffeina dovrebbe creare le condizioni mentali migliori per essere produttivi. Ma come con qualunque sostanza che dà assuefazione, contano molto le dosi e il modo in cui le si assume.

Se si vuole dare una scossa alla mente, forse è meglio assumere la caffeina con del cibo. Nel corso di uno studio i ricercatori hanno scoperto che ingerire questo stimolante con della semplice acqua (come nel caso del caffè) può tirare su di morale rispetto a come ci si sentiva trenta minuti prima di berlo, ma a distanza di un'ora e mezza-due ore e mezza circa si ha l'impressione di non riuscire a pensare in modo lucido, di essere più stanchi e ostili[31]. Mescolare la caffeina con una bevanda allo yogurt, invece, ribalta i risultati e fa durare per parecchio tempo le sensazioni positive. Dal momento che molte persone bevono il caffè con lo zucchero e basta, può essere utile evidenziare che in quello stesso studio, aggiungere del semplice glucosio alla caffeina non si è rivela-

---

* Starbucks è una famosa catena americana di caffetterie che offre ai propri clienti caffè, dessert e prodotti di pasticceria. Considerato negli Stati Uniti un luogo di ritrovo per i giovani, Starbucks è ad esempio rinomato per aver assegnato un nome specifico a ciascuna delle dimensioni delle bevande: "*Tall*" (340 ml), "Grande" (456 ml), oppure "Venti" (600/680 ml); in alcuni casi, c'è anche la versione "*Short*" (226 ml) e quella chiamata "Trenta" (878 ml) [*N.d.T.*].

to sufficiente a migliorare le condizioni delle persone nelle ore successive all'assunzione del caffè. Il corpo umano è una specie di chimico esperto e sa combinare cibi e sostanze in modo che facciano una bella differenza nella nostra vita quotidiana.

Ma allora, quanta caffeina ci vuole per ottenere dei risultati in termini di produttività? Dipende dalle persone. Dovete scoprire la dose giusta per voi e attenervi a questa. Come affermava il medico Paracelso* agli inizi del Cinquecento: «Tutto è veleno: nulla esiste di non velenoso. Solo la dose fa in modo che il veleno non faccia effetto»[32]. Assumere una quantità superiore alla dose raccomandata può avere conseguenze negative.

In generale, a bassi dosaggi pare che la caffeina favorisca il buonumore e riduca addirittura l'ansia[33], sebbene quest'ultimo dato dipenda soprattutto da fattori genetici[34]; voi ormai avrete capito, a furia di tentativi ed errori, se questa sostanza vi rende più ansiosi oppure no. Qualora vi renda effettivamente più ansiosi o vi irriti lo stomaco, provate a ridurre le dosi. Il punto è questo: la ricerca suggerisce che, quando si tratta di caffeina, a volte poco è meglio.

Uno studio sull'attenzione ha stabilito che questa sostanza, fino a 200 mg (l'equivalente di una tazza media di caffè forte), migliora alcuni aspetti dell'attenzione, mentre 400 mg non determinano alcun beneficio aggiuntivo[35]. Un'altra indagine ha messo a confronto coloro che consumavano in media circa 150 mg di caffeina al giorno con quelli che ne assumevano in media circa il doppio. Entrambi i gruppi, durante lo studio, hanno assunto una dose massiccia di caffè – 400 mg, che contengono

---

* Philippus Aureolus Theophrastus Bombastus von Hohenheim detto Paracelsus o Paracelso (Einsiedeln, 14 novembre 1493 – Salisburgo, 24 settembre 1541) è stato un medico, alchimista e astrologo svizzero, nonché una delle figure più rappresentative del Rinascimento. Egli è anche noto per aver battezzato lo zinco, chiamandolo *zincum*, ed è considerato il primo botanico sistematico. Si laureò all'Università di Ferrara, più o meno negli stessi anni in cui si laureò Niccolò Copernico (fonte: https://it.wikipedia.org/wiki/Paracelso) [*N.d.T.*].

una quantità di caffeina pari a quella presente in un “Venti” (20 once**) di Starbucks – e in seguito hanno riportato un certo livello di ansia e una carica di tensione negativa. Solo il gruppo abituato a consumare una dose elevata di caffeina ha manifestato dei benefici in termini di veglia[36].

In un terzo studio i ricercatori hanno somministrato ai partecipanti 100 mg di caffeina (l’equivalente di una tazzina di caffè) in tarda mattinata e altri 150 mg nel primo pomeriggio, in modo da simulare una routine comune a molte persone. Tra i partecipanti, coloro che non assumevano caffeina regolarmente, o che ne consumavano solo in piccole quantità (meno di 40 mg al giorno), non si sono sentiti più vigili, né hanno sperimentato un potenziamento delle loro capacità cognitive. Viceversa, coloro che consumavano regolarmente più di 40 mg di caffeina al giorno hanno registrato un miglioramento dello stato di allerta e delle capacità cognitive. Gli autori dello studio hanno quindi concluso che nelle persone che in genere bevono poco caffè, l’ansia causata dalla caffeina ne neutralizza i benefici sull’umore e sulle capacità cognitive[37].

Infine, è dimostrato che mezza lattina di Red Bull® (una bevanda energetica contenente circa 40 mg di caffeina, insieme a una serie di altri ingredienti che potrebbero influenzarne gli effetti) produce risultati migliori di un’intera lattina o di una lattina e mezza. Una dose *minore*, infatti, si è rivelata molto più incisiva nel contrastare la stanchezza e potenziare almeno una delle funzioni esecutive: l’autoinibizione[38].

La caffeina impiega grossomodo trenta minuti per raggiungere la piena efficacia[39]. Di conseguenza, è bene aspettare che entri in azione prima di assumerne dell’altra (tentazione piuttosto comune, soprattutto quando si è stanchi o stressati), altrimenti si corre il rischio di esagerare e, invece di godersi i

** Quasi 60 cl. Un’oncia fluida americana (oz) equivale a 29,57 ml [*N.d.T.*].

vantaggi di una piacevole ricarica mentale, si può finire vittime di un attacco di nervosismo.

Per ottenere i risultati migliori dalla caffeina, se siete dei consumatori abituali e dipendenti, attenetevi alle solite dosi anche quando vi sentite stanchi o stressati. Lasciatele il tempo di entrare in azione prima di assumerne più del previsto. Se invece non siete dei consumatori abituali, oppure volete provare qualcosa di nuovo, meglio non esagerare. Tenetela piuttosto in serbo per quando siete stanchi o fate fatica a prestare attenzione. Se la caffeina non vi dà la scossa che state cercando in termini di attenzione, veglia, energia mentale e buonumore, è probabile che berne di più non risolva il problema. In certe situazioni, un pisolino può essere molto più indicato, rispetto all'ennesima tazza di caffè.

Mangiare e bere in modo strategico

A livello intuitivo sappiamo tutti che mangiare troppo e bere bevande zuccherine può renderci stanchi e apatici a distanza di qualche ora. Sarà capitato a ciascuno di noi, prima o poi, di avvertire l'irrefrenabile bisogno di dormire dopo aver consumato un lauto pasto.

Ma allora, se ne siamo consapevoli, perché continuiamo a perseverare? Molti di noi ignorano quanto corpo e mente siano interconnessi. Quando non riflettiamo, abbiamo la tendenza a seguire le abitudini e spesso l'abitudine è quella di trascurare gli effetti immediati che cibi e bevande producono sulle nostre capacità cognitive.

Quando si vuole dare il meglio di sé, scegliere con cognizione di causa cosa mangiare e cosa bere (e come ci si vuole sentire un'ora dopo) può fare davvero la differenza. Qui di seguito sono riportati alcuni consigli pratici su come e cosa mangiare e bere per aumentare la produttività nelle due o tre ore successive a un pasto o a uno spuntino.

- Mangiate solo una metà della colazione o del pranzo e godetevi l'altra metà un paio d'ore più tardi.
- Se avete bisogno di una ricarica veloce, uno spuntino ad alto contenuto di carboidrati può favorire la concentrazione e trasmettervi una sensazione di benessere per una quindicina di minuti. Se invece vi occorre essere al top della forma mentale per un arco di tempo superiore, vi conviene evitare pasti e spuntini ricchi di carboidrati: scartate la pasta, i panini e la pizza. Rinunciate a succhi di frutta, bibite gassate e tè freddi zuccherati. Restate alla larga da patatine fritte, porzioni extra di pane e dolci.
- Prediligete una dieta con un apporto equilibrato di proteine, carboidrati a basso indice glicemico e grassi buoni; frutta e verdura sono in genere ottimi carboidrati, mentre le noci costituiscono lo spuntino ideale per quando si è di fretta.
- Non lasciatevi tentare da piatti ad alto contenuto di carboidrati. Ogni pasto o spuntino dovrebbe essere ricco di proteine e carboidrati a basso indice glicemico. Se mangiate del pollo con una porzione gigante di riso e fagioli e bevete del tè zuccherato, state consumando un pasto ricco di carboidrati.
- Se non l'avete ancora fatto nell'ultimo paio di ore o avete praticato attività fisica, bevete dell'acqua. Noterete la differenza.
- Se siete stanchi o avete dormito poco, gustatevi una bevanda a base di caffeina, ma in dosi contenute. Non bevetene più di quanto fareste di solito e aspettate una mezz'oretta perché faccia effetto. Potete anche aggiungere un po' di panna al caffè: i lipidi aiutano a stabilizzare i livelli di zucchero nel sangue.

ASSUMERE IL CONTROLLO DELLE PROPRIE SENSAZIONI

Di solito, nello scegliere cosa mangiare, molti di noi prendono in considerazione solo due cose:

1. Avrà un buon sapore? (ovvero, ci procurerà piacere?)

2. Fa bene alla salute? (ovvero, è compatibile con l'eventuale dieta sana o dimagrante che stiamo seguendo in questo periodo?). Allo stesso modo, quando ci dedichiamo all'attività fisica, lo facciamo quasi sempre per migliorare il nostro benessere e la nostra salute in generale. Solo di rado decidiamo cosa mangiare e quando allenarci in base a come vogliamo che il nostro cervello operi nelle ore *subito* dopo il pasto o l'esercizio.

Pertanto, è facile convincersi di dover sopportare qualsiasi condizione e imparare a essere produttivi a prescindere da come si stia fisicamente, che ci si senta intontiti e deconcentrati oppure lucidi ed energici. Eppure, la verità è che possiamo avere più controllo di quanto crediamo sulle nostre sensazioni fisiche.

Che siate già in ottima forma o che vi alleniate sporadicamente, che siate attenti a mantenere un'alimentazione sana o siate più tipi da hamburger e patatine, spero che questa strategia vi abbia convinto a concepire l'esercizio fisico e il cibo in modo diverso, ovvero come strumenti per ritagliarvi una sessione di produttività eccezionale.

STRATEGIA 5

Far sì che lo spazio di lavoro lavori per noi

A sei mesi dall'assegnazione del suo nuovo incarico, Samantha ha la sensazione di nuotare controcorrente senza arrivare da nessuna parte. È stata da poco nominata direttore finanziario di una *startup* e si sente sopraffatta dal lungo elenco di mansioni che il suo nuovo capo, l'amministratore delegato, le ha affidato. Ogni settimana le si presentano davanti nuove sfide, che vanno dal gestire le ultime acquisizioni al supervisionare l'unificazione delle varie pratiche contabili dei diversi dipartimenti, dall'assumere altro personale allo scovare metodi alternativi per ridurre i costi aziendali.

Oggi Samantha è decisa a intraprendere parecchie attività. Così, dopo la riunione con l'amministratore delegato, si impone di barricarsi dietro la scrivania e darci dentro con il lavoro. Ma è più facile a dirsi che a farsi. Come in molte *startup*, il suo ufficio è un *open space* su un unico livello e tutti i dirigenti lavorano a stretto contatto con i propri team su scrivanie componibili. Mentre Samantha fa ritorno alla propria postazione, cerca di tenere la testa bassa ed evita il contatto visivo con i colleghi; i suoi collaboratori, infatti, hanno bisogno di lei e sono già lì che sperano di attirare la sua attenzione.

Dopo essere stata fermata da un paio di membri del proprio team che avevano delle domande da sottoporle o necessitavano della sua approvazione, Samantha raggiunge finalmente la scrivania. Le ultime settimane sono state piuttosto intense e in quello spazio ristretto il disordine si è accumulato. Seduta alla luce fioca della lampada da tavolo, il nostro direttore finanziario fissa, a mezzo metro di distanza davanti a sé, la parete divisoria beige che ha richiesto, poi sposta di lato un mucchio di carte per fare spazio al caffè. Avendo un disperato bisogno di scatenare la creatività e concentrarsi, prova a ignorare il brusio e i rumori circostanti: le chiacchiere dei colleghi, lo squillo dei telefoni, il ronzio della stampante che continua a sfornare innumerevoli copie di documenti. Samantha si avvicina allo schermo del computer per non distrarsi nel veder arrivare qualcuno e appoggia i gomiti sul tavolo per sostenere tra le mani la testa pesante. "Qui non riesco a combinare un bel niente", si lamenta tra sé e sé.

In apparenza esercitiamo quasi tutti poco controllo sullo spazio in cui operiamo, a parte chi lavora in proprio o da casa. Per quanto riguarda l'ambiente lavorativo, si è spesso in balia delle scelte architettoniche del proprio datore. Eppure, benché scegliere o allestire il proprio spazio di lavoro possa risultare difficile, in questo capitolo vi indicherò una serie di elementi che dovrebbero rientrare sotto il vostro controllo (che lavoriate in un ufficio oppure da casa) per aiutarvi a creare i presupposti per ottenere delle prestazioni eccellenti. Qualora siate preoccupati che i miei consigli non siano praticabili dalla maggior parte dei professionisti, non temete: non vi proporrò di ristrutturare l'ufficio o di trovare il modo di lavorare soltanto da casa... so che molto probabilmente non potete.

Come nel caso dell'esercizio fisico e dell'alimentazione, anche l'ambiente circostante influisce in maniera significativa sul nostro cervello. Imparare a gestire quello che ci sta intorno, in modo da riuscire a operare al massimo della produttività, significa comprendere come e perché il cervello e la mente reagiscono agli stimoli esterni e, di conseguenza, come lavorare con successo in presenza di questi stimoli.

Illustrerò alcune delle più importanti teorie scientifiche elaborate finora per spiegare come reagiamo agli stimoli tipici dell'ambiente di lavoro, tra cui soprattutto il rumore, la luce e lo spazio fisico in cui operiamo. Con queste informazioni possiamo renderci conto di quanto l'ambiente circostante sia in grado di sabotare la nostra produttività e di cosa possiamo fare per tornare all'apice della forma mentale quando ne abbiamo più bisogno. L'ultima strategia per assicurarsi due ore di super produttività consiste nell'operare delle scelte informate riguardo al proprio ambiente di lavoro, scelte che permettano di concentrarsi e riflettere con calma.

LA PRODUTTIVITÀ E LA CREATIVITÀ IN UN CONTESTO RUMOROSO

È meglio o peggio ascoltare la musica mentre si lavora? E che dire del rumore bianco*? A volte non abbiamo voglia di lavorare, anche se dobbiamo, e così decidiamo di farlo davanti alla tv, giusto per consolarci un po'. È solo un'illusione pensare di riuscire a lavorare in ambienti rumorosi? Ho una notizia buona e una cattiva al riguardo. Quella cattiva è che i ricercatori hanno scoperto che il rumore ambientale (la musica di sottofondo, il frastuono delle città, le conversazioni delle persone) comporta, per la maggior parte della gente, un peggioramento delle prestazioni. La buona notizia è che questo rappresenta un'opportunità per attuare in modo semplice dei cambiamenti che possono farci diventare altamente efficaci.

---

* Il rumore bianco è un tipo particolare di rumore caratterizzato dall'assenza di periodicità nel tempo e da ampiezza costante su tutto lo spettro di frequenze. È chiamato bianco per analogia con il fatto che una radiazione elettromagnetica di simile spettro, all'interno della banda della luce visibile, apparirebbe all'occhio umano come luce bianca. Il rumore bianco esiste anche in natura: il soffio del vento, lo scroscio della pioggia, il rumore delle onde. Un altro esempio sono i rumori prodotti da aspirapolvere, lavatrice, condizionatore e ventilatore [*N.d.T.*].

Tra le varie fonti di rumore ce n'è una che si è rivelata la più difficile da ignorare: i discorsi intermittenti, ovvero quelle situazioni in cui si capta qualche parola o frase qua e là con delle pause nel mezzo. Come quando i colleghi nella postazione alle vostre spalle si voltano e si sottopongono a vicenda delle domande, o quando qualcun altro è al telefono e ascolta per un po' la persona all'altro capo, parlando solo di tanto in tanto. Oltretutto, i discorsi intermittenti sono tra i rumori più comuni negli uffici. Una meta-analisi ha esaminato i dati provenienti da 242 studi sul modo in cui il rumore influenza le prestazioni e ha scoperto che quando si tratta di svolgere attività cognitive (come prestare attenzione, leggere ed elaborare un testo o lavorare con i numeri), il rendimento è pregiudicato più dai discorsi intermittenti che dal parlato continuo (che presenta una variazione minima di volume e ritmo) o dal rumore non verbale[1].

Se i discorsi intermittenti di sottofondo costituiscono il problema maggiore per le prestazioni lavorative, questo non significa che gli altri rumori (ad esempio il parlato continuo, la musica o il rumore bianco) vadano bene. Un'altra meta-analisi ha indagato più nello specifico gli effetti della musica di sottofondo sul rendimento dei lavoratori. Gli studiosi hanno scoperto che mentre questa tende ad aumentare le emozioni positive, migliorare le prestazioni sportive e sveltire le persone nello svolgimento delle loro mansioni, ha però un effetto di disturbo sulla lettura[2].

Ma allora, se non si può evitare un ambiente rumoroso, meglio ascoltare del rumore bianco che sovrasti tutto il resto? Il rumore bianco è una specie di brusio indistinto di sottofondo, simile al ronzio di un ventilatore o di qualcuno che ripete ininterrottamente «Ssh...». Ascoltare il rumore bianco può rivelarsi una soluzione migliore rispetto al captare discorsi intermittenti, a patto che il parlato venga coperto alla perfezione, il che però non costituisce comunque la situazione ideale: il silenzio resta infatti ancora più efficace del rumore bianco. Nel corso di un altro studio, ad esempio, condotto nel contesto di una scuola media, la maggior parte dei bambini (a eccezione di quelli con gravi disturbi dell'attenzione, secondo le loro insegnanti) ha presentato più difficoltà di memoria in presenza di rumore bianco rispetto al silenzio. I bambini con disturbi dell'attenzione, invece, hanno ottenuto dei risultati migliori in presenza di rumore bianco[3].

Ma allora, tutti coloro che lavorano o studiano nelle caffetterie affollate e chiassose si illudono di essere produttivi? Per me, che adoro l'atmosfera che si respira in quei posti, è particolarmente doloroso dover ammettere che sì, per lo più ci illudiamo, benché ci siano un paio di eccezioni.

Un laboratorio di ricerca a Glasgow ha condotto uno studio per scoprire se il rumore influisce in maniera diversa sulle prestazioni cognitive delle persone introverse rispetto a quelle estroverse. Ed è emerso che è proprio così. Mentre i partecipanti completavano una serie di test cognitivi, i ricercatori li hanno sottoposti a vari tipi di rumore (il baccano di tutti i giorni, una musica da loro definita «altamente eccitante e dalle ripercussioni negative» e una considerata «scarsamente eccitante e dalle ripercussioni positive»), nonché al silenzio.

Tutti i partecipanti hanno conseguito i risultati peggiori quando in sottofondo c'era un qualche tipo di rumore. Ma i ricercatori hanno anche dimostrato che i partecipanti introversi hanno incontrato maggiori difficoltà rispetto a quelli estroversi. Si è quindi ipotizzato che le persone introverse, in genere più facilmente condizionate dagli stimoli esterni, siano più suscettibili alle distrazioni sonore[4].

Eppure, gli estroversi non sono gli unici a godere di un certo vantaggio nel contrastare le distrazioni causate dal rumore di sottofondo. È altresì dimostrato, infatti, che le persone dotate per natura di una maggiore memoria di lavoro (più abili, ad esempio, nel ricordare un numero di telefono mentre lo digitano o nel seguire il filo della conversazione mentre parlano) sono anche in grado di sopportare il rumore di sottofondo senza particolari conseguenze[5].

Pertanto, se siete estroversi o avete una buona memoria di lavoro, dovreste saper gestire meglio le distrazioni in un ambiente rumoroso e dovrebbe sembrarvi più facile redigere un documento con la musica nelle cuffie, completare una presentazione mentre captate i discorsi dei colleghi al telefono con i clienti o ultimare una relazione finanziaria nonostante il ronzio della fotocopiatrice situata proprio accanto alla vostra postazione. Ma sia ben chiaro: sareste comunque più produttivi se svolgeste il vostro lavoro in un contesto silenzioso.

Eppure, il rumore non è sempre un fattore negativo e nelle giuste condizioni può anche comportare dei vantaggi per certi tipi di sfide professionali. In uno studio della University of Illinois, a Urbana-Champaign, è stato chiesto ai partecipanti di dedicarsi a un'attività creativa mentre venivano sottoposti a una serie di rumori di varia intensità. Lo scopo della sfida era inventarsi il maggior numero possibile di usi alternativi per un mattone (fermaporta, martello, centrotavola e così via). I partecipanti esposti a un basso livello di rumorosità (50 decibel, che corrispondono più o meno al brusio presente di solito in un grande ufficio), si sono dimostrati tendenzialmente meno creativi rispetto a quando hanno lavorato in presenza di un rumore di media intensità (70 decibel, ovvero un po' meno del suono di un aspirapolvere in funzione a 3 metri di distanza da chi ascolta[6]).

È emerso che più il livello del rumore aumentava, più i partecipanti facevano fatica a pensare, e maggiori erano le difficoltà, più le loro idee si facevano astratte e volte a considerare la "visione di insieme"; in poche parole, diventavano creative. La cosa interessante, però, è che livelli di rumore ancora più elevati (80 decibel, equivalenti al rombo di un furgoncino di passaggio[7]) rendevano talmente difficile ragionare da vanificare anche i benefici apportati alla creatività da un rumore tutto sommato contenuto[8], che è la riprova del fatto che quest'ultimo favorisce il pensiero creativo, mentre, al contrario, troppo rumore o troppo poco possono comprometterlo.

Riguardo agli effetti del rumore sulla produttività, la ricerca parla chiaro: per la maggior parte delle attività svolte nell'ambito dell'economia della conoscenza, il silenzio è quasi sempre meglio del rumore.

Ecco alcuni semplici consigli che potete mettere in pratica per restare concentrati nei momenti più importanti.

- Se il vostro ufficio ha una porta, chiudetela. Se non avete un ufficio personale, prenotate la sala riunioni o sistematevi in un posto possibilmente privo di rumori e altre potenziali fonti di distrazione. Un luogo che vi garantisca un po' di privacy e vi tenga alla larga da diversivi sonori non può che favorire la produttività.
- Se la vostra postazione di lavoro si trova in uno spazio condiviso e dovete restare lì, indossate delle cuffie antirumore. A volte possono bastare anche quei piccoli tappi gialli per le orecchie che si possono portare ovunque. Forse avrete un aspetto un po' bizzarro, ma sarete più produttivi.
- Non ascoltate né musica né radio.
- Se lavorate in casa, spegnete la televisione.
- Se avete intrapreso un compito che richiede molta creatività, ben venga un po' di rumore di sottofondo. Potete addirittura prendere in considerazione l'idea di dirigervi nell'affollata mensa aziendale o nella caffetteria più vicina, oppure, in alternativa, mettere su un po' di musica.

Per sfuggire al rumore c'è anche un'altra possibilità che può fare un'enorme differenza: in moltissimi casi la gente si sveglia presto, sta in piedi fino a tardi o si ritaglia un po' di tempo nel weekend per portare a termine il lavoro da casa. Lavorare in un ambiente silenzioso e senza interruzioni può rivelarsi una risorsa inestimabile. Ci sono validi motivi per andare in ufficio, ma ce ne sono altrettanti per restarne alla larga di tanto in tanto durante la settimana. Grazie a dei piccoli accorgimenti si può approfittare dei vantaggi offerti dal lavoro da casa anche senza avere un giorno prestabilito in maniera ufficiale. Ad esempio, un metodo che ho visto funzionare molto bene per alcune persone è quello di svegliarsi presto la mattina e lavorare un'oretta o due, per poi recarsi in ufficio e andarsene magari un po' prima nel pomeriggio, così da compensare il tempo extra del mattino. Tra l'altro, aver lavorato in maniera proficua all'inizio della giornata può aiutare ad alleviare il senso di colpa legato al non trattenersi fino a tardi la sera.

Adesso che conoscete meglio il valore del silenzio, se riusciste a organizzarvi in modo da lavorare da casa un giorno alla settimana o anche più, forse vi convincereste che ne vale davvero la pena. E se anche non fosse uno spazio dedicato, ma fosse comunque silenzioso, potrebbe rivelarsi un ottimo luogo in cui ritagliarsi due ore al top.

GLI EFFETTI DELLA LUCE SULLA PRODUTTIVITÀ

Il rumore non è l'unico fattore ambientale con un profondo impatto sulla produttività. Un altro stimolo esterno, che spesso si può tenere sotto controllo, è la luce.

La ragione per cui la luce è molto importante è che i nostri occhi non sono fatti soltanto per vedere. Nel 2002 una scoperta effettuata presso la Brown University e la Johns Hopkins University ha rivoluzionato il nostro modo di concepire la vista. Fino ad allora si conoscevano soltanto due tipi di cellule, presenti nella retina, in grado di reagire agli stimoli luminosi: i coni e i bastoncelli, su cui facciamo affidamento per vedere. Ma è stato dimostrato che anche un altro tipo di cellule reagisce alla luce, per uno scopo diverso. Queste cellule sono collegate alla parte del cervello responsabile del mantenimento del ritmo circadiano[9] e reagiscono particolarmente bene alla luce nella regione blu dello spettro visibile[10], come quella del cielo in una giornata limpida.

I ritmi circadiani scandiscono il nostro sonno, la veglia, i cicli alimentari ed energetici nel corso della giornata. La luce che attiva tali cellule può aiutare a regolare questi ritmi. Non si è ancora compreso appieno il motivo, ma la ricerca sta iniziando a definire i modi in cui gli stimoli luminosi influenzano le capacità cognitive e le emozioni. Pare che sia la luce blu che quella bianca brillante potenzino una serie di facoltà mentali in grado di aumentare sensibilmente la nostra efficacia. Come vedremo in seguito, questo tipo di luce agisce su aspetti quali lo stato di allerta e la concentrazione, e aiuta a ricaricarsi dopo uno sforzo mentale.

Una ricerca suggerisce ad esempio che la luce bianca, arricchita da quella blu, sprona a essere più vigili e a ragionare con maggiore lucidità. Un gruppo di studiosi del Regno Unito era curioso di scoprire cosa sarebbe successo a dei lavoratori immersi nella tipica atmosfera da ufficio se questa fosse stata illuminata con una luce bianco-bluastra, la stessa che potrebbe provenire da un cielo azzurro limpido. I ricercatori hanno condotto lo studio in un'azienda con due piani quasi identici, in cui le persone svolgevano lavori molto simili. Pertanto, hanno potuto riprodurre un insieme di condizioni analoghe in cui sperimentare vari tipi di illuminazione e i loro effetti sulle prestazioni dei dipendenti.

Si è così scoperto che i lavoratori esposti alla luce bianco-bluastra nell'arco della giornata avevano maggiori probabilità di riscontrare dei miglioramenti nella valutazione soggettiva del proprio stato di allerta, della concentrazione, della lucidità, del rendimento e della qualità del sonno. I dipendenti hanno anche notato una riduzione del senso di spossatezza serale[11].

È stato inoltre dimostrato che la luce bianco-bluastra potenzia l'autocontrollo e la capacità di ruotare mentalmente gli oggetti, dote molto importante nel campo dell'ingegneria e della progettazione, così come in tanti altri ambiti scientifici e tecnici. In Italia, un gruppo di ricercatori ha progettato una stanza in cui è possibile monitorare con estrema accuratezza non solo l'illuminazione, ma anche i modi in cui la luce raggiunge gli occhi del soggetto seduto alla propria scrivania.

A tutti i partecipanti dello studio condotto dal team è stato chiesto sia di svolgere delle attività che coinvolgessero le funzioni esecutive e richiedessero una buona dose di autocontrollo, sia di sottoporsi a un test di rotazione mentale. Durante questo test, è stata mostrata l'immagine di un oggetto tridimensionale e i soggetti dovevano immaginare di ruotarlo per capire se combaciasse o meno con l'immagine di un altro oggetto tridimensionale visto da un'angolazione diversa. Nella prima fase del test tutti i partecipanti sono stati esposti a una luce bianca da lampade alogene. In seguito, i soggetti hanno ripetuto lo stesso tipo di prova, ma un primo gruppo è stato esposto nuovamente alla calda illuminazione delle lampade alogene, mentre il secondo gruppo a un'illuminazione a LED a luce fredda (con una forte componente di blu nello spettro visibile). Entrambi i gruppi hanno conseguito gli stessi risultati durante la prima serie di test, svolti con la luce bianca da lampade alogene, mentre nella seconda fase coloro che avevano lavorato con un'illuminazione a LED a luce fredda si sono rivelati più efficaci nel controllo esecutivo e più accurati nella prova di rotazione mentale[12].

Tuttavia, la luce bianco-bluastra non è l'unica a favorire l'efficacia. Un gruppo di ricercatori dei Paesi Bassi ha esaminato le ripercussioni delle luci brillanti sullo stato di allerta delle persone, facendo loro indossare sulla testa un esposimetro dalle 8:00 alle 20:00 di sera, per tre giorni consecutivi, in modo da misurare a quanta luce fossero esposti i soggetti nelle ore diurne. È stato poi chiesto loro di esprimere come si sentissero ad ogni ora del giorno. Il gruppo di ricerca ha così concluso che una buona esposizione alla luce brillante ha un effetto immediato su quelli che sono stati definiti "senso di vitalità" e stato di allerta (da intendersi come il contrario di spossatezza o affaticamento). L'impatto delle luci brillanti era ancora più marcato nelle prime ore del giorno e durante l'inverno[13].

Inoltre, proprio come avviene nel caso del rumore, pare che la creatività sia vincolata a una serie ben precisa di condizioni. Uno studio proveniente dalla Germania ha dimostrato che il contrario di un'illuminazione intensa (ovvero una luce soffusa) favorisce maggiormente la creatività. I partecipanti all'indagine sono stati divisi in gruppi e disposti in ambienti di lavoro con diversi livelli di illuminazione: luci soffuse, luci che riproducono la tipica atmosfera da ufficio e luci molto brillanti. In seguito è stato chiesto a ciascuno di loro di immaginare di essere appena tornato da una galassia molto lontana e di disegnare la forma di vita aliena incontrata sul pianeta immaginario. (Sembra uno studio piuttosto divertente a cui aderire). Coloro che hanno lavorato a luci soffuse hanno partorito idee più creative di quelli che hanno lavorato nelle altre due condizioni di illuminazione. I ricercatori hanno scoperto che una luce più soffusa porta le persone a sentirsi più libere da vincoli, il che si traduce in una maggiore creatività. Pertanto, il segreto delle ripercussioni della luce sulla creatività potrebbe non consistere nel livello di illuminazione in sé, quanto piuttosto nel fatto che le luci soffuse ci donano un senso di libertà dai soliti condizionamenti. Di conseguenza, come sottolineano gli autori dello studio, anche le finestre potrebbero, in linea di principio, trasmetterci la stessa sensazione di libertà e quindi potenziare le nostre doti creative.

Tuttavia, questa stessa ricerca ha dimostrato che se da una parte le luci soffuse esercitano un effetto positivo sulla creatività, mettono anche a dura prova la produttività. Infatti, i soggetti che hanno lavorato in condizioni di scarsa illuminazione hanno ottenuto dei risultati lievemente inferiori nelle attività analitiche che richiedevano concentrazione e una certa logica nel seguire le regole[14].

Per fare tesoro di questi insegnamenti ci sono diversi stratagemmi che potete mettere in atto nei momenti in cui volete dare il meglio di voi.

- Accendete più luci. Una stanza luminosa è meglio di una buia per raggiungere l'apice della forma mentale, soprattutto in una giornata nuvolosa o nel bel mezzo dell'inverno. Se necessario, portatevi in ufficio la vostra lampada personale.
- In una giornata dal cielo limpido, se possibile, trovate un posto illuminato da luce naturale e mettetevi a lavorare lì.
- Prendete in considerazione l'idea di sostituire le lampadine presenti nel vostro ambiente di lavoro con delle luci bianche con una maggiore componente di blu nello spettro visibile, anche se si trattasse soltanto della lampada da tavolo. La ricerca indica che, così facendo, c'è una buona probabilità di attivare le cellule fotorecettrici della retina che comunicano con l'orologio circadiano del cervello e aiutano a restare più vigili.
- Se invece volete lavorare su un progetto che richiede creatività, vi conviene abbassare leggermente le luci oppure cercare un luogo un po' meno luminoso del solito.

ALLESTIRE LO SPAZIO INTORNO A SÉ PER AGEVOLARE IL PROPRIO LAVORO

Finora abbiamo parlato di due aspetti dell'ambiente lavorativo (il rumore e la luce) che hanno un'enorme influenza sulla nostra produttività. A prima vista si ha l'impressione di avere poco controllo su questi due fattori, ma abbiamo visto insieme una serie di modi in cui possiamo grossomodo monitorarli, se non altro per brevi periodi di tempo.

Adesso ci dedicheremo al terzo elemento dell'ambiente lavorativo che sono convinto si possa modificare a proprio vantaggio: lo spazio fisico intorno a sé. Lì per lì può sembrare che non abbiamo molta voce in capitolo nell'allestimento di scrivanie, postazioni di lavoro o uffici, ma ci sono alcuni interventi importanti che noi tutti possiamo mettere in campo e che, come suggerisce la ricerca, possono fare la differenza, in termini psicologici, per quanto riguarda il modo in cui operiamo.

Nel nostro spazio fisico di lavoro i quattro fattori che condizionano notevolmente la produttività e sui quali siamo in grado di esercitare un minimo di controllo sono:

- il disordine;
- quanto ampi o limitati sono i movimenti che lo spazio intorno a noi ci consente di fare;
- la possibilità o meno di alzarci agilmente dalla scrivania per muoverci di tanto in tanto;
- la presenza o meno, nello spazio circostante, di oggetti e immagini che aiutino a ripristinare l'energia mentale.

Quando penso al disordine, l'immagine che mi viene più spesso in mente è quella di un professore seduto dietro una scrivania ricoperta di fogli e libri che risalgono a vent'anni fa. Eppure, nonostante l'ufficio stracolmo e il tavolo disordinato, quell'uomo continua a essere un lavoratore incredibilmente produttivo, un autore prolifico e un docente stimato. Non sapremo mai se la sua produttività dipenda proprio dal disordine o si verifichi malgrado questo, perché tanto il professore non darà mai una sistemata.

Forse, in rari casi, il disordine funziona per qualcuno, ma per la stragrande maggioranza delle persone è di intralcio alle prestazioni mentali. Ci sbagliamo di grosso se pensiamo che prendere dei provvedimenti al riguardo non faccia la minima differenza in termini di produttività. Nel terzo capitolo abbiamo affermato che il cervello umano è una macchina a caccia di distrazioni. Nello specifico, la ricerca dimostra che più l'attenzione è contesa, più è difficile controllare su cosa concentrarsi[15]. Il disordine nello spazio intorno a noi (gli appunti della riunione lasciati in giro, i fogli sparsi, i vari libri presi in prestito, gli incarti delle confezioni, i manuali di formazione, le cuffiette per il telefono che abbiamo comprato in più e che non usiamo mai ecc.) potrebbe rivelarsi una fonte importante di distrazioni che si contendono la nostra attenzione.

Molti degli oggetti che si accumulano in particolar modo sulla scrivania fungono da promemoria dell'elenco di attività da svolgere, ad esempio un'annotazione a proposito di un potenziale cliente a cui non avete ancora risposto, per cui vi sentite terribilmente in colpa, o il modulo per un progetto il cui solo pensiero vi stressa. Oltre ad allungare la lista delle cose che si contendono la vostra attenzione, questi promemoria hanno un notevole impatto emotivo e rappresentano, in un certo senso, una minaccia. Quando rileviamo una minaccia, i segnali relativi a quell'oggetto o situazione vengono amplificati per azione di una parte del cervello detta amigdala, per cui è ancora più probabile che questi oggetti o situazioni attirino la nostra attenzione[16].

È proprio per questo motivo che è particolarmente controindicato disseminare di promemoria fisici il luogo in cui si vuole portare a termine un lavoro importante. Lasciare le cose in giro sulla propria scrivania in modo da ricordarle è probabilmente un ottimo metodo per aiutare la memoria ed è senz'altro una strategia utilizzata da molti[17]. Ma il fatto stesso di ricordarle costituisce un problema, quando si cerca uno spazio in cui ritagliarsi due ore di super produttività.

Di conseguenza, se dovete concentrarvi su un progetto o un'attività, sistemate il disordine oppure cercate un posto sgombro in cui lavorare. Ovunque andiamo, tendiamo ad accumulare disordine; pertanto, essere consapevoli di quanta energia mentale in più si investe nel resistere alle distrazioni può fungere da stimolo per sgombrare la propria postazione quando si vuole concludere un lavoro di un certo rilievo.

Se l'idea stessa di mettere a posto e sistemare il disordine vi angoscia, basta semplicemente spostare tutto il caos da un'altra parte (un armadietto, un ripostiglio ecc.), così da non averlo sotto gli occhi quando vi mettete a lavorare. È vero che questo non risolve il problema del disordine in sé e crea della confusione in un altro spazio, ma in questo modo potete essere più produttivi nel momento in cui un lavoro importante lo richiede e trovare invece in seguito un po' di tempo "improduttivo" da dedicare al riordino vero e proprio.

Oltre a liberarci dalle distrazioni, il modo in cui allestiamo lo spazio fisico intorno a noi può realmente influire sulle nostre capacità di innovazione, sulle doti di leader o sulla fiducia che riponiamo in noi stessi. Per essere innovativi bisogna correre il rischio di fare le cose in maniera diversa e, a quanto pare, il modo in cui ci muoviamo all'interno dell'ambiente lavorativo influenza la nostra propensione a prendere l'iniziativa in qualità di leader e correre i rischi necessari all'innovazione.

Immaginate di starvene seduti alla scrivania su una bella sedia comoda e di avere lo spazio sufficiente per sporgervi all'indietro e appoggiare i piedi sul tavolo. Si tratta di una postura che gli psicologi definiscono ampia e aperta, e che negli Stati Uniti è espressione di potere. La professoressa Dana Carney (che attualmente lavora presso la Haas School of Business di Berkeley, della University of California) ha guidato un gruppo di ricercatori della Columbia e della Harvard University che ha dimostrato che assumere per due minuti una postura ampia e aperta (denominata "*power pose*" o "posa di potere", in base a come storicamente il potere è stato espresso a livello non verbale) basta ad aumentare i livelli di testosterone e diminuire quelli di cortisolo, l'ormone dello stress, oltre a rendere le persone più disposte a correre dei rischi[18]. La combinazione tra l'aumento del testosterone e la riduzione di cortisolo corrisponde a un profilo che è stato associato anche al fatto di essere più efficaci come leader[19]. Mettere in campo una buona dose di tolleranza del rischio e una maggiore sicurezza nel comando rappresenta un vantaggio incredibile per un certo tipo di sfide lavorative.

Il modo in cui si allestisce il proprio spazio di lavoro può agevolare e addirittura incoraggiare l'adozione di pose e movimenti ampi e aperti, proprio quelli che infondono un senso di fiducia nelle proprie capacità di leader e spirito di intraprendenza nell'assunzione dei rischi, benché quest'ultimo si manifesti nelle forme più disparate. Nel corso di uno studio, su una scrivania sono stati disposti degli oggetti; in un primo caso sono stati sparpagliati in modo che i partecipanti dovessero allungarsi per prenderli (essendo pertanto costretti a realizzare dei movimenti ampi ogni volta che cercavano di afferrarli), mentre nell'altro sono stati posizionati in uno spazio ristretto, a portata di mano dei partecipanti. La seconda disposizione degli oggetti stimolava la tipica gamma ristretta di movimenti eseguiti da molti impiegati d'ufficio quando sono seduti davanti ai loro computer. Per contro, nel momento in cui i soggetti assumevano delle pose ampie e aperte (il che dipendeva soltanto da come il materiale di lavoro era disposto sul tavolo), i ricercatori hanno notato una maggiore tendenza a imbrogliare nell'autoassegnazione dei punteggi relativi a dei puzzle di parole[20]. Naturalmente, il fatto di barare non è un comportamento auspicabile, eppure rappresenta una forma di assunzione del rischio, per cui rientra nell'ambito della ricerca sulle posture espansive.

Gli autori dello studio hanno dimostrato che un aumento del livello di tolleranza del rischio non è sempre un vantaggio, dal momento che, in alcune circostanze, può spingere le persone ad assumere un atteggiamento eccessivamente imprudente. Quando però siete immersi in un'attività positiva che richiede un po' di coraggio e intraprendenza per ottenere dei buoni risultati, vi consiglio di controllare che lo spazio fisico intorno a voi vi consenta di muovervi e mettere in atto posture ampie. In ogni caso, aver sistemato il disordine renderà più semplice l'organizzazione dell'ambiente lavorativo, così da stimolare dei movimenti espansivi.

Al di là degli spazi angusti in cui spesso ci viene chiesto di lavorare, un'altra sfida per l'impiegato d'ufficio moderno è costituita dalla tendenza a restare seduti relativamente immobili nelle stesse posizioni per molte ore al giorno. Come già affermato nel capitolo precedente, talvolta un po' di esercizio fisico è proprio quello che ci serve per raggiungere l'apice della forma mentale. Un gruppo di ricercatori del Regno Unito ha recentemente concluso che stare seduti anche solo per quindici minuti può renderci meno energici e meno positivi dal punto di vista emotivo[21]. Questa scoperta è di certo preoccupante, dal momento che la maggior parte dei professionisti deve restare seduta per lunghi periodi di tempo (di solito davanti al computer) per svolgere il proprio lavoro.

Tuttavia, al giorno d'oggi abbiamo diverse alternative a disposizione: alcune persone hanno addirittura sostituito le sedie e i tavoli tradizionali con delle scrivanie dotate di tapis roulant incorporato e in pratica camminano mentre lavorano. Possibile che questo aumenti la produttività? Il team di ricerca della Stanford University ha rilevato che camminare su un tapis roulant o fare una passeggiata all'aperto migliora la creatività e la capacità di tracciare delle analogie[22]. Alcuni di questi effetti benefici si sono addirittura protratti per parecchio tempo, dopo che le persone si sono rimesse a sedere.

Non tutti possono sostituire la propria sedia con un tapis roulant, ma ci si può muovere più spesso e apportare delle modifiche alla propria postazione, oppure scegliere uno spazio di lavoro che agevoli il movimento. Trovare un luogo in cui lavorare stando in piedi e un altro in cui lavorare da seduti rappresenta un'ottima soluzione e offre l'opportunità di muoversi e usare il corpo in modo diverso ogni volta che si cambia posizione. Esistono anche dei locali in cui si può lavorare che rendono più o meno difficoltoso alzarsi in piedi e fare moto ogni quarto d'ora. Ad esempio, per quanto consideri le caffetterie un luogo fantastico in cui leggere un libro, incontrarsi con gli amici e svolgere addirittura un po' di lavoro creativo di tanto in tanto, quando mi reco in quel tipo di locale per lavorare, trovo piuttosto problematico lasciare il posto (e le mie cose) per fare un giro e sgranchirmi le gambe, e di certo non posso farlo ogni quindici minuti.

Nonostante si abbia una scrivania sgombra e ci si muova spesso, in modo da lavorare in maniera più produttiva, a un certo punto ci si affatica comunque per forza. Per cercare di risolvere il problema si può allestire il proprio spazio di lavoro con oggetti e immagini che favoriscano il ripristino dell'energia mentale. È stato dimostrato che diversi fattori ambientali aiutano le persone a ricaricarsi: le piante migliorano la capacità di attenzione, il cinguettio degli uccelli e le immagini legate all'acqua pare siano rigeneranti, mentre riuscire a personalizzare il proprio ambiente lavorativo può aiutare a combattere i sentimenti associati allo sfinimento emotivo, causato dal fatto di lavorare in un ufficio senza molta privacy[23].

Ecco di seguito alcune modifiche che potete apportare allo spazio di lavoro (e che rientrano sotto il vostro controllo) per aumentare le possibilità di essere produttivi per un paio di ore.

- Sistemate il disordine. Meglio se nel tardo pomeriggio o di sera, quando non vi è rimasta molta energia mentale da investire in un lavoro più proficuo. Se non avete tempo di rimettere a posto, fate semplicemente sparire il disordine dalla vostra vista.
- Posizionate il telefono, il bicchiere dell'acqua, la penna e qualsiasi altro strumento di lavoro nel punto più distante della scrivania, dove per prenderli avrete bisogno di compiere un movimento ampio. Se vi sentite

tesi, prendetevi un minuto di pausa, allargate il petto e aprite le braccia. Potreste addirittura comprarvi un pouf o un poggiapiedi per l'ufficio su cui stendere le gambe. Assumere queste "pose di potere" espansive può cambiare il vostro stato mentale.

- Non restate seduti alla scrivania troppo a lungo. Abbiamo la tendenza a farci assorbire completamente dal lavoro, quindi, se vi alzate in piedi ogni volta che vi viene in mente, non sarà comunque più del dovuto. Se avete la possibilità di scegliere il vostro spazio di lavoro, selezionatene uno in cui sia semplice alzarsi e fare un po' di moto.
- Personalizzate in qualche modo il vostro ambiente lavorativo. Nello specifico, prendete in considerazione l'idea di aggiungere qualche pianta o delle immagini legate all'acqua. In questo processo di personalizzazione prestate però attenzione a non accumulare disordine sul vostro tavolo.

Il modo in cui si allestisce il proprio luogo di lavoro (che lo si tenga sottosopra o piuttosto in ordine, che ci si ritagli uno spazio adeguato per assumere delle pose ampie o per installarci un tapis roulant, che ci si tenga un'orchidea o si appenda un quadro raffigurante l'oceano) può avere un impatto decisivo sulla possibilità di essere super produttivi quando lo si desidera.

LAVORARE TENENDO A MENTE LO SPAZIO CIRCOSTANTE

Quando programmiamo le nostre due ore al top, il luogo in cui lavoriamo conta davvero molto. Finora ho illustrato tre aspetti dei nostri ambienti lavorativi in grado di fare la differenza e sui quali possiamo esercitare un certo controllo. Il primo è il livello di rumore al quale ci sottoponiamo; il secondo riguarda la presenza di un'illuminazione intensa e dai colori freddi rispetto a una calda e soffusa, mentre il terzo consiste nell'allestimento dello spazio fisico intorno a noi: l'ordine sulle nostre scrivanie, la possibilità di compiere gesti ampi, alzarsi spesso in piedi e fare moto, e la presenza di elementi rigeneranti nello spazio circostante. Diamo un'occhiata a come Samantha, direttore finanziario di una *startup*, che abbiamo incontrato all'inizio del capitolo, ha modificato il proprio ambiente lavorativo per assicurarsi la produttività di cui ha bisogno per il suo nuovo incarico.

Come forse ricorderete, Samantha deve affrontare le stesse sfide con cui abbiamo a che fare quasi tutti noi: non può alterare la configurazione del proprio ufficio né aumentare la scarsa privacy a sua disposizione. Così ha trovato un compromesso: più volte a settimana, quando ha bisogno che il suo cervello funzioni a pieno regime, prenota per un paio di ore una piccola sala riunioni. In quella stanza, seduta al grande tavolo da conferenza, dove può mettersi comoda, libera da qualsiasi distrazione sonora, è finalmente in grado di concentrarsi.

Quando invece lavora alla propria postazione, per essere più produttiva ha fatto sparire le pile di fogli che si erano accumulate sulla sua scrivania da quando aveva iniziato a lavorare nell'azienda. I primi sei mesi dopo l'assunzione sono stati davvero intensi e sono volati in un lampo, per cui non si era ancora presa neanche un momento per personalizzare il proprio spazio di lavoro. Ma ora ha portato in ufficio delle foto della sua famiglia e una stampa acquistata durante le vacanze alle Hawaii, che raffigura un'immagine serena dell'oceano. Inoltre, adesso, quando ha bisogno di concentrarsi alla propria scrivania, usa delle cuffie antirumore per coprire la confusione che la circonda, ma non ascolta mai la musica, tranne quando deve occuparsi di attività ripetitive.

Benché la postazione di Samantha e l'*open space* dell'ufficio non rappresentino le situazioni ideali per svolgere un lavoro che richiede molta concentrazione, queste almeno agevolano la collaborazione con gli altri. Interagendo con lo spazio circostante per migliorare le proprie condizioni lavorative, Samantha può godersi il meglio di entrambi i mondi: la possibilità di battere in ritirata per concentrarsi sul proprio lavoro individuale, quando necessario, e quella di disporre di un ufficio in cui lavorare a stretto contatto con i colleghi.

Ho tenuto per ultima questa strategia, che riguarda quanto l'ambiente lavorativo influenzi la produttività, perché può essere di sostegno oppure di intralcio per tutte le altre strategie presenti nel libro. Sfruttare i punti decisionali che si manifestano nel corso della giornata, organizzare in modo strategico le attività così da gestire al meglio le energie mentali, rimuovere le fonti di distrazione e imparare a vagare con la mente in maniera efficace e infine svolgere esercizio fisico e mangiare sano allo scopo di migliorare la produttività sono tutti aspetti che possono essere agevolati dall'ambiente circostante.

Lo spazio in cui si lavora influisce sulla frequenza delle interruzioni subite, il che comporta la necessità di un piano ben preciso per gestire i punti decisionali che si verranno a creare con quelle interruzioni. L'ambiente lavorativo condiziona anche la quantità di energia mentale che viene spesa nell'esercizio dell'autocontrollo e determina gli inneschi emotivi che si verificano ogni giorno. A parte le interruzioni, lo spazio di lavoro può essere disseminato di trappole costituite da potenziali fonti di distrazione, oppure esserne relativamente privo. Il fatto che il proprio ufficio sia dotato o si trovi nei pressi di un luogo in cui è possibile concedersi una bella passeggiata o allenarsi un po' può fare la differenza, quando si vuole svolgere dell'esercizio fisico.

Pertanto, oggi stesso dedicate un po' di tempo a guardarvi intorno. Il vostro ambiente lavorativo è allestito in maniera tale da aiutarvi a ottenere due ore di super produttività?

CONCLUSIONI

Non ho mai conosciuto qualcuno che non si lamentasse di avere problemi a portare a termine abbastanza doveri. Siamo tutti subissati da richieste di lavoro ed esigenze personali e finora la maggior parte della gente ha reagito a questo problema concentrandosi su come diventare più efficiente: "Come posso sbarazzarmi delle pause superflue? Come posso far sì che i miei dipendenti dedichino più ore al lavoro ogni settimana? Come posso passare da un'attività all'altra (o fare addirittura più cose contemporaneamente) in modo che non venga sprecato nemmeno un secondo?".

A quanto pare abbiamo seguito la pista sbagliata: l'efficienza è un parametro valido per macchine e computer. Ma la scienza rivela che gli esseri umani non sono delle specie di calcolatori dotati di vita propria: abbiamo un cervello e un corpo e rispondiamo a bisogni biologici ben precisi. Pertanto, il giusto parametro per misurare le prestazioni umane è l'efficacia, non l'efficienza. Il nostro cervello può essere estremamente efficace, in circostanze adeguate, oppure può esserlo meno, se posto in condizioni avverse. La neuroscienza e la psicologia rivelano quali sono queste condizioni e come possiamo prepararci per garantire una prestazione mentale altamente efficace.

Spero che, dopo aver letto questo libro, invece di organizzare il vostro tempo cercando di stipare sempre più ore di lavoro in ciascuna giornata, vi ritroverete a pianificare la vostra agenda in modo da ritagliarvi due ore al top. Dall'alimentazione all'esercizio fisico, dagli orari ai tipi di attività cognitive, spero che programmerete le vostre giornate e allestirete gli ambienti di lavoro in modo da agevolare il raggiungimento di un paio di ore di vera efficacia, in cui portare a termine il vostro lavoro più importante. Potete iniziare sin da subito a mettere in pratica ogni singola strategia presentata in questo libro allo scopo di ottenere momenti di grande efficacia.

STRATEGIA 1: RICONOSCERE I PUNTI DECISIONALI

Il momento in cui si porta a termine un'attività e si è liberi di intraprendere la successiva rappresenta una preziosa opportunità. Per quanto semplice possa sembrare, imparare a riconoscere e a sfruttare a proprio vantaggio i pochi punti decisionali che ci si presentano davanti ogni giorno costituisce una svolta importante.

Spesso, senza pensarci, si resta invischiati per ore in faccende di poco conto. Quando si intraprende una certa attività, il cervello tende a inserire il pilota automatico e, di conseguenza, è facile continuare a svolgere la stessa mansione finché questa non si esaurisce o qualcos'altro ci interrompe. Se iniziate a rispondere a una mail, il cervello entra in "modalità posta elettronica" e correte il rischio di perdervi nel rispondere a un messaggio dopo l'altro; così, benché vi foste prefissati di dedicare soltanto un'ora alla gestione delle mail, per poi passare a quel lavoro importantissimo di cui avreste dovuto assolutamente occuparvi prima di pranzo, potreste ritrovarvi tre ore dopo a pensare: "Okay, adesso rispondo a quest'ultima mail, poi mi dedico a quello".

Quando il cervello entra in modalità automatica, si diventa meno consapevoli dell'ambiente circostante e del tempo che passa. Ecco perché i punti decisionali che si verificano nell'arco della giornata sono così utili: sono i momenti in cui è possibile disinserire il pilota automatico e riacquisire la consapevolezza di poter decidere come impiegare il proprio tempo. Di solito, nella maggioranza dei casi, si agisce in fretta e furia e si permette al cervello di aggrapparsi a ciò che gli pare più opportuno o urgente in quel momento. Eppure, si può fare un passo indietro e analizzare con molta attenzione a cosa valga la pena dedicarsi e cosa sia meglio ignorare.

È infatti possibile imparare a riconoscere i momenti decisionali, assaporarli e trattenersi per qualche minuto, finché non si è in grado di ristabilire un contatto con le proprie reali priorità. È bene sfruttare questi attimi per decidere cos'abbia più senso fare, in base al tempo e alle energie mentali a disposizione. C'è un tempo e un luogo anche per il lavoro meno importante, ma sfruttare a proprio vantaggio i punti decisionali aiuta a mantenersi sintonizzati sulle proprie principali priorità.

STRATEGIA 2: GESTIRE L'ENERGIA MENTALE

Gestire bene il tempo non significa soltanto organizzare una tabella di marcia. Non tutte le ore sono uguali e, poiché il cervello tende ad affaticarsi e ha bisogno di riposo per ricaricarsi, il modo migliore per portare a termine il proprio lavoro non è tanto trovare delle ore da dedicargli all'interno di una scaletta o su un calendario, quanto piuttosto occuparsene nel momento in cui si ha la giusta energia mentale.

Molte delle attività che svolgiamo mettono a dura prova noi stessi e il nostro cervello; alcune prosciugano l'energia mentale mentre altre suscitano emozioni molto intense, il che non è per forza un fattore negativo: è solo il modo in cui la nostra mente reagisce al mondo circostante. Vale comunque la pena prestare grande attenzione a quest'aspetto, così da fare buon uso della nostra energia mentale. Sapere quali tipi di attività comportano un maggiore affaticamento mentale e imparare a prevedere le emozioni in cui è probabile incappare nel corso della giornata aiuta a prendere delle decisioni sagge. In questo modo si può scegliere quando lavorare su qualcosa e quando prendersi un momento per regolare le proprie emozioni.

Esaurire le proprie energie mentali con una serie di attività di scarso rilievo che logorano le funzioni esecutive proprio quando si ha bisogno di dare il meglio di sé in una certa situazione (come una presentazione o una riunione importante) è una pessima idea. Ecco, invece, due cose da fare: programmare in anticipo le attività per sfruttare il momento in cui l'energia mentale è all'apice e scegliere in modo strategico di non fare qualcosa che ci sfinirà. Gestire l'energia mentale in questa maniera pone le basi per un paio di ore di autentica produttività.

STRATEGIA 3: SMETTERE DI RESISTERE ALLE DISTRAZIONI

Benché sappiamo bene quanto sia cruciale l'attenzione per la nostra produttività, abbiamo le idee piuttosto confuse riguardo al modo in cui questa opera. Tanto per fare un esempio, spesso descriviamo l'attenzione come un riflettore puntato. Ma nel momento in cui lo si orienta in una certa direzione, un faretto resta fermo, mentre i meccanismi neurali dell'attenzione non funzionano assolutamente così: essi sono progettati per ricaricarsi di tanto in tanto e sono sempre pronti a investigare le novità presenti nell'ambiente circostante e a guidarci in un mondo in continuo mutamento. Non c'è da stupirsi, quindi, se quando vi sforzate di mantenere la concentrazione, ci restate male nello scoprire che l'attenzione va spesso alla deriva.

Eppure, lasciar vagare la mente può essere proprio il segreto per ritrovare la concentrazione. Infatti, è molto più veloce tornare in carreggiata in questo modo, rispetto a buttarsi a capofitto su qualsiasi altra attività attiri la nostra attenzione. Mettersi a leggere la pagina sportiva o dare un'occhiata ai social network, spesso e volentieri ci porta via mezz'ora o anche di più, mentre fissare fuori dalla finestra finché non si smette di fantasticare ci permette di tornare a concentrarci sull'attività iniziale nel giro di pochi minuti, dopo esserci immersi in una serie di processi cognitivi fondamentali che si mettono in moto quando la mente vaga.

STRATEGIA 4: SFRUTTARE A PROPRIO VANTAGGIO IL RAPPORTO MENTE-CORPO

Sentirsi stressati è un'emozione e le emozioni non sono soltanto "nella nostra testa", ma hanno un risvolto molto fisico. La consapevolezza di avere più cose da fare di quante se ne riescano a gestire è spesso accompagnata da una sensazione fisica simile a un nodo allo stomaco e questo avviene perché corpo e mente sono strettamente interconnessi tra loro.

Da questo punto di vista non sorprende affatto che l'esercizio fisico sia un metodo davvero potente per ridurre l'ansia, migliorare l'umore e favorire le funzioni cognitive. Ma non bisogna esagerare: meglio, infatti, non svolgere troppa attività fisica, se è per trarne dei benefici mentali immediati. L'ideale è un allenamento moderato.

Allo stesso modo, è bene alimentarsi, mantenere una buona idratazione e assumere bevande contenenti caffeina per favorire un'intensa efficacia nei momenti davvero importanti. Per cercare di ottenere il massimo rendimento occorre consumare pasti più contenuti e frequenti, assumere acqua con una certa regolarità e non superare le dosi di caffeina a cui si è abituati.

Il modo in cui si tratta il proprio corpo ha delle ripercussioni concrete sulle prestazioni mentali. Se volete, potete lasciar perdere l'esercizio fisico e mangiare quello che vi pare, nel vostro tempo libero. Ma quando c'è bisogno di essere sul pezzo, per distinguersi dalla massa, è utile usare il proprio corpo e seguire un'alimentazione che predisponga al successo nelle ore immediatamente successive.

STRATEGIA 5: FAR SÌ CHE LO SPAZIO DI LAVORO LAVORI PER NOI

L'ultima strategia per assicurarsi almeno due ore di super produttività è svolgere il proprio lavoro in uno spazio fisico adeguato, che consenta al cervello di essere altamente produttivo. L'ambiente in cui si lavora condiziona il proprio rendimento più di quanto ci si aspetti e, di conseguenza, anche la probabilità di impiegare il proprio tempo in maniera efficace. Il rumore ostacola la concentrazione ed è difficile da evitare, nell'era degli uffici *open space* e delle postazioni delimitate da semplici pannelli divisori. Anche lavorare con tipi di illuminazione diversa influenza in modo significativo lo stato di allerta e la creatività.

Lo spazio fisico intorno a noi può costituire una fonte di riposo mentale o di distrazione, può agevolare o limitare il movimento e può addirittura spronare a correre dei rischi, a seconda di com'è organizzato e di come sono disposti gli oggetti al suo interno. Spesso non è possibile cambiare il luogo in cui si lavora, ma ci sono molti piccoli interventi che si possono mettere in atto per far sì che lo spazio di lavoro favorisca e non intralci la produttività.

Queste strategie sono efficaci non solo perché sono semplici e immediate da mettere in pratica, ma anche perché operano nel rispetto della nostra biologia, anziché contro. La tecnologia ci farà accumulare sempre più impegni nelle nostre giornate, mentre probabilmente la nostra cultura del lavoro ci spingerà a essere sempre più efficienti e a dare il massimo in ogni momento. È anche altamente plausibile che avremo sempre più motivi per sentirci sopraffatti e stressati a causa delle enormi aspettative riposte su di noi. Poiché questo modello si afferma a ritmi incalzanti, ritengo che sia oltremodo importante comprendere quali sono le condizioni di lavoro ottimali per l'essere umano. Questa consapevolezza ci permetterà di adattarci e avere successo in un ambiente sempre più impegnativo.

Le strategie che condivido nel presente volume fanno riferimento a quella che considero la più grande sfida messa in atto dall'attuale cultura del lavoro: lo stress dovuto al senso di sopraffazione. Attraverso lo studio di come gli esseri umani possano lavorare in modo più efficace, siamo tutti in grado di aumentare l'autocompassione, diventare esperti nel nostro lavoro e assumere il controllo delle nostre vite.

NOTE

INTRODUZIONE: ESSERE AL TOP DELL'EFFICACIA

1. Franklin, Benjamin, *Autobiografia di Benjamin Franklin*, trad. it. Misnaghi, Sara, LBO, Roma 2015, in http://www.amazon.it/Autobiografia-Benjamin-Franklin-storie-tutti-ebook/dp/B00Y417UVI.
2. *Idem*, *I Sing My Plain Country Joan, 1742*, Founders Online, National Archives, ultima modifica 28 marzo 2016, in http://founders.archives.gov/documents/Franklin/01-02-02-0087.
3. Biography.com Editors, *Benjamin Franklin*, in http://www.biography.com/people/benjamin-franklin-9301234.
4. Per una definizione più esaustiva di cognizione incarnata *vedi* la seguente introduzione all'edizione speciale di una rivista sull'argomento che ho curato insieme ad Art Markman: Davis, Joshua I. e Markman, Arthur B., *Embodied Cognition as a Practical Paradigm: Introduction to the Topic, the Future of Embodied Cognition*, in «Topics in Cognitive Science», vol. 4 (4), 2012, pp. 685-691. Per una raccolta accurata di articoli e altro materiale sulla cognizione incarnata si rimanda al sito http://www.embodiedmind.org.
5. Carney, Dana R., Cuddy, Amy J.C. e Yap, Andy J., *Power Posing: Brief Nonverbal Displays Affect Neuroendocrine Levels and Risk Tolerance*, in «Psychological Science», vol. 21 (10), 2010, pp. 1363-1368; Mehta, Pranjal H. e Josephs, Robert A., *Testosterone and Cortisol Jointly Regulate Dominance: Evidence for a Dual-Hormone Hypothesis*, in «Hormones and Behavior», vol. 58 (5), 2010, pp. 898-906.
6. Chandler, Jesse e Schwarz, Norbert, *How Extending Your Middle Finger Affects Your Perception of Others: Learned Movements Influence Concept Accessibility*, in «Journal of Experimental Social Psychology», vol. 45 (1), 2009, pp. 123-128.
7. Davis, Joshua I., Balda, Maite *et. al.*, *The Science of Making Learning Stick: An Update to the AGES Model*, in «NeuroLeadership Journal», vol. 5, 2014. Si noti che non tutti gli studiosi di cognizione incarnata considererebbero quest'esempio di apprendimento come cognizione incarnata. Tuttavia, lo includo qui di proposito per aiutare il lettore a comprendere che questo genere di lezioni neuroscientifiche illustra le

conseguenze dell'avere un corpo che opera in maniera diversa rispetto a un classico computer o una macchina non umana.

STRATEGIA 1: RICONOSCERE I PUNTI DECISIONALI

1. Duhigg, Charles, *Il potere delle abitudini. Come si formano, quanto ci condizionano, come cambiarle*, trad. it. Sartori, Marco, TEA, Milano 2014.
2. Fiske, Susan T. e Taylor, Shelley E., *Cognizione sociale. Dal cervello alla cultura,* trad. it. Codo, S., Apogeo, Milano 2009.
3. http://www.merriam-webster.com/dictionary/trance.
4. Morsella, Ezequiel, *The Function of Phenomenal States: Supramodular Interaction Theory*, in «Psychological Review», vol. 112 (4), 2005, pp. 1000-1021. Quest'articolo è stato pubblicato quando il dottor Morsella lavorava alla Yale University. In seguito, lo studioso ha costituito il proprio gruppo di ricerca presso la San Francisco State University.
5. Kerns, John G. *et al.*, *Anterior Cingulate Conflict Monitoring and Adjustments in Control*, in «Science», vol. 303 (5660), 2004, pp. 1023-1026; Botvinick, Matthew M., Cohen, Jonathan D. e Carter, Cameron S., *Conflict Monitoring and Anterior Cingulate Cortex: An Update*, in «Trends in Cognitive Sciences», vol. 8 (12), 2004, pp. 539-546.
6. Eisenberger, Naomi I. e Lieberman, Matthew D., *Why Rejection Hurts: A Common Neural Alarm System for Physical and Social Pain*, in «Trends in Cognitive Sciences», vol. 8 (7), 2004, pp. 294-300.
7. Vohs, Kathleen D. e Schmeichel, Brandon J., *Self-Regulation and the Extended Now: Controlling the Self Alters the Subjective Experience of Time*, in «Journal of Personality and Social Psychology», vol. 85 (2), 2003, pp. 217-230.
8. Covey, Stephen, *Le sette regole per avere successo*, trad. it. a cura di FranklinCovey Italia, Franco Angeli Editore, Milano 2005.
9. Una cosa che Benjamin Franklin cercava di fare ogni mattina, per ristabilire un contatto con quello che contava davvero per lui, era domandarsi: "Cosa farò di buono oggi?". Non so se poi si prendesse un momento per ripensarci nel corso della giornata, ma come immagine mi ha colpito molto. Tratto da Franklin, Benjamin, *Autobiografia di Benjamin Franklin*, cit.
10. Liberman, Nira e Trope, Yaacov, *The Psychology of Transcending the Here and Now*, in «Science», vol. 322 (5905), 2008, pp. 1201-1205.
11. Zauberman, Gal *et al.*, *Discounting Time and Time Discounting: Subjective Time Perception and Intertemporal Preferences*, in «Journal of Marketing Research», vol. 46 (4), 2009, pp. 543-556.

12. Luszczynska, Aleksandra, Sobczyk, Anna e Abraham, Charles, *Planning to Lose Weight: Randomized Controlled Trial of an Implementation Intention Prompt to Enhance Weight Reduction Among Overweight and Obese Women*, in «Health Psychology», vol. 26 (4), 2007, pp. 507-512.
13. Webb, Thomas L. *et al.*, *Effective Regulation of Affect: An Action Control Perspective on Emotion Regulation*, in «European Review of Social Psychology», vol. 23 (1), 2012, pp. 143-186.
14. Chapman, Janine, Armitage, Christopher J. e Norman, Paul, *Comparing Implementation Intention Interventions in Relation to Young Adults' Intake of Fruit and Vegetables*, in «Psychology and Health», vol. 24 (3), 2009, pp. 317-332.
15. Gollwitzer, Peter M., *Implementation Intentions: Strong Effects of Simple Plans*, in «American Psychologist», vol. 54 (7), 1999, pp. 493-503; Gollwitzer, Peter M. e Sheeran, Paschal, *Implementation Intentions and Goal Achievement: A Meta-Analysis of Effects and Processes*, in «Advances in Experimental Social Psychology», vol. 38, 2006, pp. 69-119.
16. Anderson, Michael L., *Neural Reuse: A Fundamental Organizational Principle of the Brain*, in «Behavioral and Brain Sciences», vol. 33 (4), 2010, pp. 245-266; Anderson, Michael L., Richardson, Michael J. e Chemero, Anthony, *Eroding the Boundaries of Cognition: Implications of Embodiment*, in «Topics in Cognitive Science», vol. 4 (4), 2012, pp. 717-730.
17. Brouziyne, M. e Molinaro, L., *Mental Imagery Combined with Physical Practice of Approach Shots for Golf Beginners*, in «Perceptual and Motor Skills», vol. 101 (1), 2005, pp. 203-211.
18. Arora, Sonal *et al.*, *Mental Practice Enhances Surgical Technical Skills: A Randomized Controlled Study*, in «Annals of Surgery», vol. 253 (2), 2011, pp. 265-270.
19. Knudstrup, Mike, Segrest, Sharon L. e Hurley, Amy E., *The Use of Mental Imagery in the Simulated Employment Interview Situation*, in «Journal of Managerial Psychology», vol. 18 (6), 2003, pp. 573-591.
20. Ranganathan, Vinoth K. *et al.*, *From Mental Power to Muscle Power–Gaining Strength by Using the Mind*, in «Neuropsychologia», vol. 42 (7), 2004, pp. 944-956.

STRATEGIA 2: GESTIRE L'ENERGIA MENTALE

1. Berkman, Elliot T. e Miller-Ziegler, Jordan S., *Imaging Depletion: fMRI Provides New Insights into the Processes Underlying Ego Depletion*, in «Social Cognitive and Affective Neuroscience», vol. 8 (4), 2012,

pp. 359-361; Inzlicht, Michael e Schmeichel, Brandon J., *What Is Ego Depletion? Toward a Mechanistic Revision of the Resource Model of Self-Control*, in «Perspectives on Psychological Science», vol. 7 (5), 2012, pp. 450-463.

2. Cohen, Jessica R. e Lieberman, Matthew D., *The Common Neural Basis of Exerting Self-Control in Multiple Domains*, in *Self Control in Society, Mind, and Brain*, a cura di Hassin, Ran R., Ochsner, Kevin N. e Trope Yaacov, Oxford University Press, New York 2010, pp.141-160; Lieberman, Matthew D., *The Brain's Braking System (and How to 'Use Your Words' to Tap into It)*, in «NeuroLeadership Journal», vol. 2, 2009, pp. 9-14; Berkman, Elliot T., Burklund Lisa e Lieberman, Matthew D., *Inhibitory Spillover: Intentional Motor Inhibition Produces Incidental Limbic Inhibition via Right Inferior Frontal Cortex*, in «Neuroimage», vol. 47 (2), 2009, pp. 705-712; Inzlicht, Michael, Berkman, Elliot ed Elkins-Brown, Nathaniel, *The Neuroscience of 'Ego Depletion' or: How the Brain Can Help Us Understand Why Self-Control Seems Limited*, in *Social Neuroscience: Biological Approaches to Social Psychology*, a cura di Harmon-Jones, Eddie e Inzlicht, Michael, Psychology Press, New York 2015. Nel loro lavoro, Inzlicht, Berkman ed Elkins-Brown evidenziano la presenza di diverse aree cerebrali necessarie, a vario titolo, all'autocontrollo (la corteccia prefrontale ventrolaterale, ad esempio, è particolarmente importante per l'inibizione). Per ulteriori dettagli, ai lettori appassionati di neuroscienze dell'autocontrollo si raccomanda la lettura del capitolo intitolato "Social Neuroscience".
3. Inzlicht, Berkman ed Elkins-Brown (*vedi* nota precedente) sostengono che le prove indicano soprattutto che l'autocontrollo richiede un grande sforzo, per cui, dopo un po', le varie aree cerebrali coinvolte ne esercitano sempre di meno, perché ci sentiamo meno motivati a continuare a svolgere un'attività impegnativa. Tuttavia, gli studiosi prendono in esame anche delle ricerche che dimostrano che, con una motivazione sufficiente (ad esempio delle ricompense di vario genere o la convinzione di potercela fare), il nostro cervello è in grado di esercitare l'autocontrollo per un lasso temporale molto lungo, se necessario. Per quanto tempo, di preciso, non è dato saperlo.
4. In alternativa all'uso della forza di volontà per rinunciare a qualcosa (ad esempio a una ciambella), si può evitare innanzitutto di prendere in considerazione la ciambella stessa, così che la rinuncia non richieda alcun autocontrollo. Ecco un modo per mettere in pratica un approccio del genere: prima di pensare a cosa mangiare, è bene rivalutare la colazione come un pasto che fate per sentirvi bene per il resto della mattinata, fino al pranzo. Le ciambelle, dal canto loro, vi faranno stare bene solo per qualche minuto e un paio di ore dopo vi sentirete stanchi o affamati.

Questa rivalutazione potrebbe farvi rinunciare alla ciambella senza bisogno di ricorrere all'autocontrollo, dal momento che le ciambelle non sono più allettanti, da questo nuovo punto di vista. Parlerò più approfonditamente di questo modo di considerare il cibo nella strategia 4.

5. Baumeister, Roy F. e Tierney, John, *Volere è potere. La forza di volontà è la chiave di ogni successo e può essere allenata*, trad. it. Ciarcià, Ornella, Vallardi, Milano 2012, p. 102.
6. Vohs, Kathleen D. *et al.*, *Making Choices Impairs Subsequent Self-Control: A Limited-Resource Account of Decision Making, Self-Regulation, and Active Initiative*, in «Journal of Personality and Social Psychology», vol. 94 (5), 2008, pp. 883-898.
7. Shaheem, Reid, con l'apporto di Sway Calloway, *All Eyes on Beyoncé*, in http://www.mtv.com/bands/b/beyonce/news_feature_081406.
8. Harmon-Jones, Eddie *et al.*, *The Effect of Personal Relevance and Approach-Related Action Expectation on Relative Left Frontal Cortical Activity*, in «Psychological Science», vol. 17 (5), 2006, pp. 434-440.
9. Ogni scoperta scientifica relativa alla tristezza è riportata nel lavoro di Forgas, Joseph P., *Don't Worry, Be Sad! On the Cognitive, Motivational, and Interpersonal Benefits of Negative Mood*, in «Current Directions in Psychological Science», vol. 22 (3), 2013, pp. 225-232.
10. Baas, Matthijs, De Dreu, Carsten K.W. e Nijstad, Bernard A., *A Meta-Analysis of 25 Years of Mood-Creativity Research: Hedonic Tone, Activation, or Regulatory Focus?*, in «Psychological Bulletin», vol. 134 (6), 2008, pp. 779-806.
11. Tamir, Maya, *Don't Worry, Be Happy? Neuroticism, Trait-Consistent Affect Regulation, and Performance*, in «Journal of Personality and Social Psychology», vol. 89 (3), 2005, pp. 449-461. Lo studio dimostra che questi effetti sono maggiormente pronunciati nelle persone più nevrotiche del campione preso in considerazione.
12. Subramaniam, Karuna *et al.*, *A Brain Mechanism for Facilitation of Insight by Positive Affect*, in «Journal of Cognitive Neuroscience», vol. 21 (3), 2009, pp. 415-432.
13. Baas, Matthijs, De Dreu, Carsten K.W. e Nijstad, Bernard A., op. cit. pp. 779-806; Isen, Alice M., Daubman, Kimberly A. e Nowicki, Gary P., *Positive Affect Facilitates Creative Problem Solving*, in «Journal of Personality and Social Psychology», vol. 52 (6), 1987, pp. 1122-1131. In particolare, dall'articolo di Baas, De Dreu e Nijstad si evince che le emozioni positive orientate all'avvicinamento e relativamente più attive favoriscono la creatività, a differenza di sensazioni altrettanto positive, come il sentirsi calmi o rilassati.

14. Vosburg, Suzanne K., *The Effects of Positive and Negative Mood on Divergent-Thinking Performance*, in «Creativity Research Journal», vol. 11 (2), 1988, pp. 165-172; Schwarz, Norbert, Bless, Herbert e Bohner, Gerd, *Mood and Persuasion: Affective States Influence the Processing of Persuasive Communications*, in «Advances in Experimental Social Psychology», vol. 24, 1991, pp. 161-199. Un atteggiamento positivo può portare al "*satisficing*", ovvero al sentirsi soddisfatti di una decisione, di una soluzione o di una risposta sufficientemente valide, invece che continuare a rincorrere la perfezione. [La parola "*satisficing*" è un neologismo coniato da Herbert Simon e composto dalle parole inglesi *satisfy* (soddisfare) e *suffice* (essere sufficiente); *N.d.T.*]. Alla luce dei risultati già menzionati, secondo i quali un atteggiamento positivo potenzia la creatività, è interessante notare come Vosburg sostenga l'esistenza di alcune circostanze speciali in cui lo stesso atteggiamento positivo potrebbe non accrescere la creatività, ad esempio nei casi in cui si esige una soluzione creativa ottimale o ideale.
15. Hertel, Guido *et al.*, *Mood Effects on Cooperation in Small Groups: Does Positive Mood Simply Lead to More Cooperation?*, in «Cognition and Emotion», vol. 14 (4), 2000, pp. 441-472.
16. Forgas, Joseph P., *On Feeling Good and Getting Your Way: Mood Effects on Negotiator Cognition and Bargaining Strategies*, in «Journal of Personality and Social Psychology», vol. 74 (3), 1998, pp. 565-577.
17. Seligman, Martin E.P., Csikszentmihalyi, Mihaly, *Positive Psychology: An Introduction*, in «American Psychologist», vol. 55 (1), 2000, pp. 5-14. Leggendo quest'articolo, è difficile distinguere con precisione le varie emozioni positive e gli effetti che esse producono, mentre con quelle negative è tutto più chiaro. Alcuni studi si riferiscono in maniera esplicita alla felicità, al divertimento, alla soddisfazione, al benessere, all'orgoglio e così via, ma molti altri descrivono semplicemente le emozioni positive in generale. Suppongo che questo avvenga perché in psicologia si investono maggiori energie nello studio delle cose negative, piuttosto che di quelle positive. Ad ogni modo, a prescindere dai motivi, credo che a questo punto sia più prudente affermare soltanto che un'emozione positiva (come la felicità, la gioia, il divertimento o il sentirsi bene in generale) ha queste conseguenze.
18. Alcuni ricercatori operano una distinzione tra emozioni (di minore durata e legate a una causa evidente) e atteggiamenti (di maggiore durata, il cui legame con una causa specifica non è altrettanto evidente). Io utilizzo i due termini in maniera piuttosto intercambiabile, poiché a prescindere dalla durata o dalla causa dell'emozione o dell'atteggiamento, le conseguenze fin qui descritte dovrebbero essere simili, a quanto mi risulta.

19. Paulus, Martin P., *The Breathing Conundrum–Interoceptive Sensitivity and Anxiety*, in «Depression and Anxiety», vol. 30 (4), 2013, pp. 315-320; Craig, A.D., *Interoception: The Sense of the Physiological Condition of the Body*, in «Current Opinion in Neurobiology», vol. 13 (4), 2003, pp. 500-505.
20. Bainbridge, F.A., *The Relation Between Respiration and the Pulse-Rate*, in «Journal of Physiology», vol. 54 (3), 1920, pp. 192-202.
21. Tice, Dianne M. *et al.*, *Restoring the Self: Positive Affect Helps Improve Self-Regulation Following Ego Depletion*, in «Journal of Experimental Social Psychology», vol. 43 (3), 2007, pp. 379-384.
22. Brooks, Amber e Lack, Leon, *A Brief Afternoon Nap Following Nocturnal Sleep Restriction: Which Nap Duration Is Most Recuperative?*, in «Sleep», vol. 29 (6), 2006, pp. 831-840. Questo studio ha esaminato un gruppo di persone che ha schiacciato un pisolino dopo un periodo di privazione del sonno. Non sempre si lavora in arretrato di sonno, ma se così fosse, un pisolino potrebbe giovare più di quanto si pensi.

STRATEGIA 3: SMETTERE DI RESISTERE ALLE DISTRAZIONI

1. Posner, M.I., *Attention: The Mechanism of Consciousness*, in «Proceedings of the National Academy of Sciences», vol. 91 (16), 1994, pp. 7398-7403.
2. Indagine sull'assuefazione riportata in Balkenius, Christian, *Attention, Habituation and Conditioning: Toward a Computational Model*, in «Cognitive Science Quarterly», vol.1 (2), 2000, pp. 171-204.
3. Alcuni lettori potrebbero chiedersi come facciamo a perderci nella lettura di un buon libro o a restare incollati ai videogiochi per un lungo periodo di tempo. Probabilmente il motivo è che la storia o l'avventura hanno degli elementi di novità o suspense che attirano continuamente la nostra attenzione. Pertanto, può darsi che gli autori facciano leva sul fatto che abbiamo dei sistemi di attenzione che si divertono a scoprire sempre nuove fonti di distrazione.
4. Wegner, Daniel M. *et al.*, *Paradoxical Effects of Thought Suppression*, in «Journal of Personality and Social Psychology», vol.53 (1), 1987, pp. 5-13. La prima ricerca su quest'argomento ha utilizzato come esempio principale quello dell'orso bianco, pertanto ho ripreso qui quello dell'orso polare in onore dello studio originale.
5. Collin, Allan M. e Loftus, Elizabeth F., *A Spreading-Activation Theory of Semantic Processing*, in «Psychological Review», vol. 82 (6), 1975, pp. 407-428.

6. La letteratura scientifica consultata non fornisce molte risposte in merito a quanto a lungo la maggior parte della gente possa dedicarsi alla stessa attività. Il motivo non è chiaro, ma può darsi che dipenda troppo dal contesto.
7. Valentine, Elizabeth R. e Sweet, Philip L.G., *Meditation and Attention: A Comparison of the Effects of Concentrative and Mindfulness Meditation on Sustained Attention*, in «Mental Health, Religion and Culture», vol. 2 (1), 1999, pp. 59-70. In questo stesso studio, tra gli esperti di meditazione, coloro che praticavano la "mindfulness" (o meditazione di consapevolezza) hanno dimostrato di avere una maggiore attenzione sostenuta rispetto agli esperti di meditazione concentrativa.
8. Smallwood, Jonathan e Andrews-Hanna, Jessica, *Not All Minds That Wander Are Lost: The Importance of a Balanced Perspective on the Mind-Wandering State*, in «Frontiers in Psychology», vol. 4, 2013, pp. 441.
9. Baird, Benjamin *et al.*, *Inspired by Distraction: Mind Wandering Facilitates Creative Incubation*, in «Psychological Science», vol. 23 (10), 2012, pp. 1117-1122.
10. Baird, Benjamin, Smallwood, Jonathan e Schooler, Jonathan W., *Back to the Future: Autobiographical Planning and the Functionality of Mind-Wandering*, in «Consciousness and Cognition», vol. 20 (4), 2011, pp. 1604-1611.
11. Smallwood, Jonathan, Nind, Louise e O'Connor, Rory C., *When Is Your Head At? An Exploration of the Factors Associated with the Temporal Focus of the Wandering Mind*, in «Consciousness and Cognition», vol. 18 (1), 2009, pp. 118-125.
12. Kabat-Zinn, Jon, *An Outpatient Program in Behavioral Medicine for Chronic Pain Patients Based on the Practice of Mindfulness Meditation: Theoretical Considerations and Preliminary Results*, in «General Hospital Psychiatry», vol. 4 (1), 1982, pp. 33-47; Kabat-Zinn, Jon, *Vivere Momento per Momento. Sconfiggere lo stress, il dolore, l'ansia e la malattia con la saggezza di corpo e mente - Nuova edizione*, trad. it. Sabbadini, Augusto, TEA, Milano 2005.
13. Klatt, Maryanna D., Buckworth, Janet e Malarkey, William B., *Effects of Low-Dose Mindfulness-Based Stress Reduction (MBSR-LD) on Working Adults*, in «Health, Education, and Behavior», vol. 36 (3), 2009, pp. 601-614.
14. Goldin, Philippe R. e Gross, James J., *Effects of Mindfulness-Based Stress Reduction (MBSR) on Emotion Regulation in Social Anxiety Disorder*, in «Emotion», vol. 10 (1), 2010, pp. 83-91.
15. Carlson, Linda E. e Garland, Sheila N., *Impact of Mindfulness-Based Stress Reduction (MBSR) on Sleep, Mood, Stress and Fatigue Symp-*

toms in Cancer Outpatients, in «International Journal of Behavioral Medicine», vol. 12 (4), 2005, p. 278-285.

16. Bishop, Scott R. *et al.*, *Mindfulness: A Proposed Operational Definition*, in «Clinical Psychology: Science and Practice», vol. 11 (3), 2004, pp. 230-241. Bishop e gli altri autori dell'articolo propongono la seguente definizione di mindfulness: «La prima componente riguarda l'autoregolazione dell'attenzione, per cui il focus attentivo dev'essere mantenuto sull'esperienza immediata, permettendo così un maggiore riconoscimento degli eventi mentali nel presente. La seconda componente consiste nell'adottare un particolare orientamento alle esperienze presenti, che dev'essere caratterizzato da curiosità, apertura e accettazione».

STRATEGIA 4: SFRUTTARE A PROPRIO VANTAGGIO IL RAPPORTO MENTE-CORPO

1. Clark, Andy, *Dare corpo alla mente*, trad. it. Levi, S., McGraw-Hill Companies, Milano 1999; Damasio, Antonio, *L'errore di Cartesio. Emozione, ragione e cervello umano*, trad. it. Macaluso, Filippo, Adelphi, Milano 1995; Lakoff, George e Johnson, Mark, *Philosophy in the Flesh: The Embodied Mind and Its Challenge to Western Thought*, Basic Books, New York 1999. Benché oggi questo concetto sia piuttosto intuitivo per molti, nei circoli filosofici è forse più rivoluzionario avanzare l'ipotesi che mente e corpo siano inestricabilmente collegati. Leggendo il materiale esistente sull'argomento, ci si rende conto che quasi tutti noi ci basiamo su una serie di supposizioni non verificate che riflettono la convinzione secondo la quale corpo e mente operano in maniera piuttosto indipendente l'uno dall'altra. Ritengo che tali supposizioni abbiano un forte impatto su ciò che reputiamo utile fare, come ad esempio tenersi in esercizio.
2. Schachter, Stanley e Singer, Jerome E., *Cognitive, Social, and Physiological Determinants of Emotional State*, in «Psychological Review», vol. 69 (5), 1962, pp. 379-399.
3. Mandela, Nelson, *Lungo cammino verso la libertà. Autobiografia*, trad. it. Dornetti, Ester, Bottini, Adriana e Papi Marco, Feltrinelli, Milano 1997, p. 456.
4. Verburgh, Lot *et al.*, *Physical Exercise and Executive Functions in Preadolescent Children, Adolescents and Young Adults: A Meta-Analysis*, in «British Journal of Sports Medicine», vol. 48 (12), 2014, pp. 973-979.
5. Gormley, Shannan E. *et al.*, *Effect of Intensity of Aerobic Training on VO_2max*, in «Medicine and Science in Sports and Exercise», vol. 40 (7), 2008, pp. 1336-1343.

6. Yanagisawa, Hiroki *et. al.*, *Acute Moderate Exercise Elicits Increased Dorsolateral Prefrontal Activation and Improves Cognitive Performance with Stroop Test*, in «Neuroimage», vol. 50 (4), 2010, pp. 1702-1710.
7. O'Leary, Kevin C. *et al.*, *The Effects of Single Bouts of Aerobic Exercise, Exergaming, and Videogame Play on Cognitive Control*, in «Clinical Neurophysiology», vol. 122 (8), 2011, pp. 1518-1525.
8. Inkster, Berit e Frier, Brian M., *The Effects of Acute Hypoglycaemia on Cognitive Function in Type 1 Diabetes*, in «British Journal of Diabetes and Vascular Disease», vol. 12 (5), 2012, pp. 221-226.
9. Figueira, Franciele R. *et al.*, *Aerobic and Combined Exercise Sessions Reduce Glucose Variability in Type 2 Diabetes: Crossover Randomized Trial*, in «PLoS ONE», vol. 8 (3), 2013, pp. e57733.
10. Petruzzello, Steven J. *et al.*, *A Meta-Analysis on the Anxiety-Reducing Effects of Acute and Chronic Exercise: Outcomes and Mechanisms*, in «Sports Medicine», vol. 11 (3), 1991, pp. 143-182.
11. Puterman, Eli *et al.*, *The Power of Exercise: Buffering the Effect of Chronic Stress on Telomere Length*, in «PLoS ONE», vol. 5 (5), 2010, pp. e10837.
12. Reed, Justy e Ones, Deniz S., *The Effect of Acute Aerobic Exercise on Positive Activated Affect: A Meta-Analysis*, in «Psychology of Sport and Exercise», vol. 7 (5), 2006, pp. 477-514.
13. *Ibidem.*
14. Loy, Bryan D., O'Connor Patrick J. e Dishman Rodney K., *The Effect of a Single Bout of Exercise on Energy and Fatigue States: A Systematic Review and Meta-Analysis*, in «Fatigue: Biomedicine, Health and Behavior», vol. 1 (4), 2013, pp. 223-242.
15. Hoyland, Alexa, Lawton, Clare L. e Dye Louise, *Acute Effects of Macronutrient Manipulations on Cognitive Test Performance in Healthy Young Adults: A Systematic Research Review*, in «Neuroscience and Biobehavioral Reviews», vol. 32 (1), 2008, pp. 72-85.
16. Leigh Gibson, Edward, *Effects of Energy and Macronutrient Intake on Cognitive Function Through the Lifespan*, in «Proceedings of the Latvian Academy of Sciences, Section B, Natural, Exact, and Applied Sciences», vol. 67 (4-5), 2013, pp. 303-447.
17. Fischer, Karina *et al.*, *Cognitive Performance and Its Relationship with Postprandial Metabolic Changes After Ingestion of Different Macronutrients in the Morning*, in «British Journal of Nutrition», vol. 85 (3), 2001, pp. 393-405.
18. Leigh Gibson, Edward, op. cit., pp. 303-447.
19. Benton, David, *Carbohydrates and the Cognitive Performance of Children*, in «Carbohydrate News», Canadian Sugar Institute Nutrition Infor-

mation Service, 2012, http://www.sugar.ca/SUGAR/media/Sugar-Main/News/CarboNews2012.pdf.

20. Young, Hayley e Benton, David, *The Glycemic Load of Meals, Cognition, and Mood in Middle and Older Aged Adults with Differences in Glucose Tolerance: A Randomized Trial*, in «e-SPEN Journal», vol. 9 (4), 2014, pp. e147-e154.
21. Cooper, Simon B. *et al.*, *Breakfast Glycaemic Index and Cognitive Function in Adolescent School Children*, in «British Journal of Nutrition», vol. 107 (12), 2012, pp. 1823-1832.
22. Hewlett, Paul, Smith, Andrew e Lucas Eva, *Grazing, Cognitive Performance, and Mood*, in «Appetite», vol. 52 (1), 2009, pp. 245-248.
23. Schoeller, Dale A., *Changes in Total Body Water with Age*, in «American Journal of Clinical Nutrition», vol. 50 (5), 1989, pp. 1176-1181.
24. Adan, Ada, *Cognitive Performance and Dehydration*, in «Journal of the American College of Nutrition», vol. 31 (2), 2012, pp. 71-78.
25. Armstrong, Lawrence E., *Mild Dehydration Affects Mood in Healthy Young Women*, in «Journal of Nutrition», vol. 142 (2), 2012, pp. 382-388.
26. Masento, Natalie A. *et al.*, *Effects of Hydration Status on Cognitive Performance and Mood*, in «British Journal of Nutrition», vol. 111 (10), 2014, pp. 1841-1852.
27. Heckman, Melanie A., Weil, Jorge e Gonzalez de Mejia, Elvira, *Caffeine (1, 3, 7-Trimethylxanthine) in Foods: A Comprehensive Review on Consumption, Functionality, Safety, and Regulatory Matters*, in «Journal of Food Science», vol. 75 (3), 2010, pp. R77-R87.
28. Rogers, Peter J., *Caffeine and Alertness: In Defense of Withdrawal Reversal*, in «Journal of Caffeine Research», vol. 4 (1), 2014, pp. 3-8.
29. van Gelder, B.M. *et al.*, *Coffee Consumption Is Inversely Associated with Cognitive Decline in Elderly European Men: The Fine Study*, in «European Journal of Clinical Nutrition», vol. 61 (2), 2007, pp. 226-232; Salazar-Martinez, Eduardo *et al.*, *Coffee* Consumption and Risk for Type 2 Diabetes Mellitus, in «Annals of Internal Medicine», vol. 140 (1), 2004, pp. 1-8.
30. Childs, Emma e de Wit, Harriet, *Subjective, Behavioral, and Physiological Effects of Acute Caffeine in Light, Non-dependent Caffeine Users*, in «Psychopharmacology (Berlin)», vol. 185 (4), 2006, pp. 514-523.
31. Young, H.A. e Benton, D., *Caffeine Can Decrease Subjective Energy Depending on the Vehicle with Which It Is Consumed and When It Is Measured*, in «Psychopharmacology (Berlin)», vol. 228 (2), 2013, pp. 243-254.
32. Paracelsus, *Die Dritte Defension Wegen Des Schreibens Der Neuen Rezepte*, in «Septem Defensiones», vol. 2, 1538 (Darmstadt, 1965):

510. Citazione tratta da Paracelso, *Responsio ad quasdam accusationes & calumnias suorum aemulorum et obtrectatorum. Defensio III. Descriptionis & designationis nouorum Receptorum*, in https://it.wikipedia.org/wiki/Paracelso#CITEREFOpera_Omnia.

33. Nehlig, Astrid, *Is Caffeine a Cognitive Enhancer?*, in «Journal of Alzheimer's Disease», vol. 20, suppl. 1, 2010, pp. S85-S94.
34. Alsene, Karen *et al.*, *Association Between A2a Receptor Gene Polymorphisms and Caffeine-Induced Anxiety*, in «Neuropsychopharmacology», vol. 28 (9), 2003, pp. 1694-1702.
35. Brunyé, Tad T. *et al.*, *Caffeine Modulates Attention Network Function*, in «Brain and Cognition», vol. 72 (2), 2010, pp. 181-188.
36. Attwood, A.S., Higgs, S. e Terry P., *Differential Responsiveness to Caffeine and Perceived Effects of Caffeine in Moderate and High Regular Caffeine Consumers*, in «Psychopharmacology (Berlin)», vol. 190 (4), 2007, pp. 469-477.
37. Rogers, Peter J. *et al.*, *Faster but Not Smarter: Effects of Caffeine and Caffeine Withdrawal on Alertness and Performance*, in «Psychopharmacology (Berlin)», vol. 226 (2), 2013, pp. 229-240.
38. Howard, Meagan A. e Marczinski, Cecile A., *Acute Effects of a Glucose Energy Drink on Behavioral Control*, in «Experimental and Clinical Psychopharmacology», vol. 18 (6), 2010, pp. 553-561.
39. Camfield, David A. *et al.*, *Acute Effects of Tea Constituents L-Theanine, Caffeine, and Epigallocatechin Gallate on Cognitive Function and Mood: A Systematic Review and Meta-Analysis*, in «Nutrition Reviews», vol. 72 (8), 2014, pp. 507-522.

STRATEGIA 5: FAR SÌ CHE LO SPAZIO DI LAVORO LAVORI PER NOI

1. Szalma, James L. e Hancock, Peter A., *Noise Effects on Human Performance: A Meta-Analytic Synthesis*, in «Psychological Bulletin», vol. 137 (4), 2011, pp. 682-707.
2. Kämpfe, Juliane, Sedlmeier, Peter e Renkewitz, Frank, *The Impact of Background Music on Adult Listeners: A Meta-Analysis*, in «Psychology of Music», vol. 39 (4), 2010, pp. 424-448.
3. Söderlund, Göran B.W. *et al.*, *The Effects of Background White Noise on Memory Performance in Inattentive School Children*, in «Behavioral and Brain Functions», vol. 6 (1), 2010, p. 4.
4. Cassidy, Gianna e MacDonald, R., A.R., *The Effect of Background Music and Background Noise on the Task Performance of Introverts and Extraverts*, in «Psychology of Music», vol. 35 (3), 2007, pp. 517-537.

5. Sörqvist, Patrik e Rönnberg, Jerker, *Individual Differences in Distractibility: An Update and a Model*, in «PsyCh Journal», vol. 3 (1), 2014, pp. 42-57.
6. South Redding 6-Lane Project, California Department of Transportation, *Loudness Comparison Chart (dBA)*, in http://www.dot.ca.gov/dist2/projects/sixer/loud.pdf.
7. *Ibid.*
8. Mehta, Ravi, Zhu, Rui (Juliet) e Cheema, Amar, *Is Noise Always Bad? Exploring the Effects of Ambient Noise on Creative Cognition*, in «Journal of Consumer Research», vol. 39 (4), 2012, pp. 784-799.
9. Berson, David M., Dunn, Felice A. e Takao, Motoharu, *Phototransduction by Retinal Ganglion Cells That Set the Circadian Clock*, in «Science», vol. 295 (5557), 2002, pp. 1070-1073; Hattar, S. *et al.*, *Melanopsin-Containing Retinal Ganglion Cells: Architecture, Projections, and Intrinsic Photosensitivity*, in «Science», vol. 295 (5557), 2002, pp. 1065-1070.
10. Foster, Russell G., *Neurobiology: Bright Blue Times*, in «Nature», vol. 433 (7027), 2005, pp. 698-699; Berson, David M., *Phototransduction in Ganglion-Cell Photoreceptors*, in «Pflügers Archiv: European Journal of Physiology», vol. 454 (5), 2007, pp. 849-855.
11. Viola, Antoine U. *et al.*, *Blue-Enriched White Light in the Workplace Improves Self-Reported Alertness, Performance and Sleep Quality*, in «Scandinavian Journal of Work, Environment & Health», vol. 34 (4), 2008, pp. 297-306. Philips Lighting, che ha prodotto le lampadine utilizzate nello studio, ha sostenuto la ricerca.
12. Ferlazzo, F. *et al.*, *Effects of New Light Sources on Task Switching and Mental Rotation Performance*, in «Journal of Environmental Psychology», vol. 39, 2014, pp. 92-100.
13. Smolders, K.C.H.J., de Kort, Y.A.W. e van den Berg, S.M., *Daytime Light Exposure and Feelings of Vitality: Results of a Field Study During Regular Weekdays*, in «Journal of Environmental Psychology», vol. 36, 2013, pp. 270-279.
14. Steidle, Anna e Werth, Lioba, *Freedom from Constraints: Darkness and Dim Illumination Promote Creativity*, in «Journal of Environmental Psychology», vol. 35, 2013, pp. 67-80.
15. Desimone, Robert e Duncan, John, *Neural Mechanisms of Selective Visual Attention*, in «Annual Review of Neuroscience», vol. 18, 1995, pp. 193-222; McMains, Stephanie e Kastner, Sabine, *Interactions of Top-Down and Bottom-Up Mechanisms in Human Visual Cortex*, in «Journal of Neuroscience», vol. 31 (2), 2011, pp. 587-597.

16. Pourtois, Gilles, Schettino, Antonio e Vuilleumier, Patrik, *Brain Mechanisms for Emotional Influences on Perception and Attention: What Is Magic and What Is Not*, in «Biological Psychology», vol. 92 (3), 2013, pp. 492-512.
17. Malone, Thomas W., *How Do People Organize Their Desks?: Implications for the Design of Office Information Systems*, in «ACM Transactions on Information Systems», vol. 1 (1), 1983, pp. 99-112.
18. Carney, Dana R., Cuddy, Amy J.C. e Yap, Andy J., op. cit., pp. 1363-1368.
19. Davis, Joshua I. e Mehta, Pranjal H., *An Ideal Hormone Profile for Leadership, and How to Attain It*, in «NeuroLeadership Journal», vol. 5 (prossima pubblicazione).
20. Yap, Andy J. *et al.*, *The Ergonomics of Dishonesty: The Effect of Incidental Posture on Stealing, Cheating, and Traffic Violations*, in «Psychological Science», vol. 24 (11), 2013, pp. 2281-2289.
21. Kinnafick, Florence-Emilie e Thøgersen-Ntoumani, Cecilie, *The Effect of the Physical Environment and Levels of Activity on Affective States*, in «Journal of Environmental Psychology», vol. 38, 2014, pp. 241-251.
22. Oppezzo, Marily e Schwartz, Daniel L., *Give Your Ideas Some Legs: The Positive Effect of Walking on Creative Thinking*, in «Journal of Experimental Psychology: Learning, Memory, and Cognition», vol. 40 (4), 2014, pp. 1142-1152.
23. Raanaas, Ruth K. *et al.*, *Benefits of Indoor Plants on Attention Capacity in an Office Setting*, in «Journal of Environmental Psychology», vol. 31 (1), 2011, pp. 99-105; Ratcliff, Eleanor, Gatersleben, Birgitta e Sowden, Paul T., *Bird Sounds and Their Contributions to Perceived Attention Restoration and Stress Recovery*, in «Journal of Environmental Psychology», vol. 36, 2013, pp. 221-228; White, Mathew *et al.*, *Blue Space: The Importance of Water for Preference, Affect, and Restorativeness Ratings of Natural and Built Scenes*, in «Journal of Environmental Psychology», vol. 30 (4), 2010, pp. 482-493; Laurence, Gregory A., Fried, Yitzhak e Slowik, Linda H., *'My Space': A Moderated Mediation Model of the Effect of Architectural and Experienced Privacy and Workspace Personalization on Emotional Exhaustion at Work*, in «Journal of Environmental Psychology», vol. 36, 2013, pp. 144-152.

INDICE ANALITICO

RINGRAZIAMENTI PER L'EDIZIONE AMERICANA

Questo libro è frutto della guida e del sostegno eccezionale di un gruppo straordinario di persone. Heidi Grant Halvorson, nel presentarmi il mio agente Giles Anderson, ha piantato il seme che ha dato vita a questo volume. Giles ha accompagnato ogni mio passo, dall'ideazione alla ricerca del giusto editore e mi ha spronato a credere in me stesso e a procedere a passo spedito lungo la strada. L'editor Genoveva Llosa ha colto quello che volevo dire e mi ha aiutato con fermezza e perspicacia a esprimerlo in modo più efficace; mi ha mostrato come trasmettere i messaggi per arrivare al pubblico in modo pratico e incisivo. Insieme a lei, l'assistente editoriale Hannah Rivera, il coordinatore di produzione Noël Chrisman e la redattrice Dianna Stirpe mi hanno aiutato a comporre un manoscritto sicuramente migliore di quanto avrei potuto fare da solo. Lo studio theBookDesigners ha realizzato una copertina che veicola il messaggio e lo scopo del libro in modo chiaro e immediato. L'addetta alle vendite Jennifer Jensen, la pubblicitaria Suzanne Wickham e tutto il team del marketing e delle pubbliche relazioni, il gruppo dirigenti, quello internazionale, la squadra traduzioni, il team di produzione e quello dei tecnici del suono della HarperOne e della HarperCollins hanno creduto nelle potenzialità di questo libro e l'hanno sostenuto a spada tratta. Oltre a offrirmi il loro prezioso incoraggiamento, David e Lisa Rock mi hanno aiutato a comprendere a fondo il mondo imprenditoriale. Steve Leeds e Rachel Hott sono stati dei mentori davvero molto generosi e mi hanno regalato delle incredibili opportunità per sviluppare le mie idee. Jenny Xiao e Peter Mende-Siedlecki sono stati degli assistenti straordinari nella verifica dei fatti e nell'accertamento dei dati scientifici.

Sono grato a tutti gli amici, i parenti, i colleghi e le conoscenze di lavoro che hanno condiviso con me il loro entusiasmo riguardo a questo libro, trasmettendomi ancora più energia. Mio fratello Kenny Davis mi ha condotto verso preziose intuizioni sulla comunicazione. I miei genitori, Susan e Don Davis, mi hanno aiutato in modo indescrivibile nell'elaborazione dello schema concettuale. E mia moglie Daniela è stata il motore trainante di tutto; in ogni singolo momento, ha intuito ciò di cui avevo bisogno (pareri, incoraggiamento, libertà e compassione) e me lo ha fornito con estremo altruismo, rendendo la stesura del libro non solo più semplice, ma addirittura entusiasmante.

Ho avuto la fortuna di lavorare con tante persone meravigliose che hanno reso possibile la nascita di un libro che credo possa fare davvero la differenza nella gestione dello stress e nella comprensione di noi stessi.

BIOGRAFIA DELL'AUTORE

Josh Davis ha instaurato un profondo legame sia con la comunità scientifica che con quella imprenditoriale. Si è laureato alla Brown University e ha conseguito il PhD presso la Columbia University. La sua attività di ricerca riguarda la cognizione incarnata, la gestione e la neuroscienza delle emozioni. Ha insegnato alla Columbia University, alla New York University e al Barnard College, dove per cinque anni è stato membro del consiglio di facoltà presso il dipartimento di psicologia. Prima di iniziare il dottorato, ha intrapreso la carriera di ingegnere meccanico. Ora ricopre il ruolo di responsabile della ricerca e della didattica per il NeuroLeadership Institute, dove coordina le attività dell'istituto utilizzando la ricerca scientifica di base a scopo imprenditoriale e manageriale, e promuove strategie per sviluppare nuovi contenuti. Il professor Davis si occupa della preparazione e della formazione dei professionisti per quanto riguarda la produttività e la capacità di parlare in pubblico, e tiene spesso delle conferenze sia presso il NeuroLeadership Institute che in occasione di eventi e convegni internazionali. Le sue pubblicazioni in ambito imprenditoriale comprendono post comparsi su vari blog e articoli usciti nelle riviste «Harvard Business Review», «strategy+business», «People & Strategy», «Training+Development», «Psychology Today» e nel «NeuroLeadership Journal». Josh è cresciuto ad Alexandria, in Virginia, ma adesso vive a New York con sua moglie Daniela.

INDICE

Ai lettori di **Macro Edizioni**

Questo libro è pubblicato nella collana "Essere Felici" di Macro Edizioni.
Il Gruppo Editoriale Macro pubblica circa 100 nuovi libri ogni anno con diversi marchi: Macro Edizioni, Macro Junior, Macro Video, Bis, Arianna.

***Per tutti voi** che cercate nuove tecniche per vivere bene la vostra vita e sperimentare un benessere più profondo…*

***Per tutti voi** che desiderate realizzare i vostri sogni…*

***Per tutti voi** che siete aperti alle novità, pronti a rivedere le vostre convinzioni e a modificare le vostre vecchie abitudini…*

… sul nostro catalogo potete trovare oltre 800 libri e DVD sui temi più nuovi e richiesti del momento: la spiritualità, la trasformazione di sé, la salute del corpo, della mente e dello spirito, le nuove scienze e l'antica saggezza, le tante arti della guarigione… Questi e tanti altri gli argomenti di cui la nostra Casa Editrice è portavoce e che **vorrebbe condividere con voi.**

Scrivete a: GRUPPO EDITORIALE MACRO,
Via Giardino 30, 47522 Cesena (FC)
visitate il nostro sito internet per essere aggiornati sulle nostre novità:
www.gruppomacro.com

SCHEDA BIBLIOGRAFICA

Davis, Josh

Due Ore al Top: 5 strategie scientifiche per gestire con efficacia il tuo tempo, e migliorare la tua produttività/ Josh Davis. Cesena (FC): Bis Edizioni, 2016.

Titolo originale:
Two Awesome Hours
Traduzione:
Elisa Caligiana

160 pp.; 20,5 cm
(Essere Felici)

ISBN 978-88-9319-142-5

GRATUITO!

Il catalogo completo può essere consultato su **www.gruppomacro.com**, oppure richiesto a **ordini@gruppomacro.com**